# LE MANUSCRIT 776

DE LA

Bibliothèque Publique de la Ville de Rennes

## ANALYSE

PAR LE

R. P. EMMANUEL DE LANMODEZ

CAPUCIN

PARIS

LIBRAIRIE PAUL CHÉRONNET

19, rue des Grands-Augustins, 19

1895

LE
# MANUSCRIT 776

DE LA

Bibliothèque Publique de la Ville de Rennes

## ANALYSE

PAR LE

### R. P. EMMANUEL DE LANMODEZ

CAPUCIN

PARIS

LIBRAIRIE PAUL CHÉRONNET

19, rue des Grands-Augustins, 19

1895

*Imprimatur,*

### Fr. TIMOTHÉE DE PUYLOUBIER,

Ministre Provincial des Frères Mineurs Capucins de la Province de Paris.

Nantes, le 9 Février 1895.

# AVANT-PROPOS

On va s'imaginer que c'est une préface.

Moi qui n'en lis jamais ; ni vous non plus, je crois ?

Ce sera simplement le pourquoi de cette brochure : elle ne parlera que de l'Ordre auquel j'appartiens et de ma Bretagne souvent absente, toujours la plus aimée ! En effet, entre tous les pays remplis de souvenirs, nul ne livre à l'amateur des choses antiques, tant de monuments, de sites pittoresques, de ruines d'abbayes fameuses, de monastères célèbres, de donjons féodaux, que la Bretagne, cette terre qui vit naître l'auteur d'*Atala* et le chantre de *Marie*, et qui donna à l'Eglise saint Yves, le prêtre tertiaire, et la phalange héroïque des Petites Sœurs des pauvres.

Tout, dans cette Armorique parle à l'imagination et au cœur : le costume, le langage, les mœurs, les ruines, l'aïeule qui, le soir, raconte les principaux traits de la vie du saint patron de la paroisse, ou quelques contes « du bon vieux temps, » la forêt sombre d'où l'on croit voir sortir l'enchanteur Merlin, pour chercher « *l'œuf rouge du serpent marin, le cresson vert, l'herbe d'or, le guy du chêne.* »

Nos célèbres archéologues ont beaucoup fait ; mais la moisson reste abondante et de nombreux épis sont encore à glaner. Je laisse aux savants l'étude des dolmens et des menhirs, aux poètes à chanter la Bretagne et les grands spectacles de l'Océan en furie, ses grands bois de chênes, les ruines d'Ocismor, Ker-is et le roi Gradlon, Azénor la pâle, l'Ellé et l'Izole, etc... ; plus modeste, je pénètre dans nos vieux monastères franciscains et, par la pensée, je crois voir passer devant mes yeux, au fond des cloîtres disparus, avec leurs longues robes brunes, quelques grandes figures des Frères-Mineurs bretons : Jean le Discalceat, le saint populaire des bretons de Quimper, le P. Louis de Morlaix, le P. Gabriel de Dinan dont le tombeau opéra tant de miracles, etc., etc. Nos couvents n'ont pas, il est vrai, la poésie des grandes abbayes bretonnes qui, presque toutes, étaient situées au milieu de paysages admirables ; quelquefois elles étaient bâties, comme l'abbaye de Quimperlé, au confluent de deux rivières, l'Ellé et l'Izole ; d'autrefois, au bord de l'Océan comme Saint-Gildas de Rhuys, ou Saint-Mathieu de finc-terre, ou Notre-Dame de Beauport, dont la mer baignait les murs. Nos pères bâtissaient leurs couvents dans les villes ou non loin des villes. Leur genre de vie les tenait moins séparés de la foule, plus rapprochés du peuple que les moines de Cluny, de Citeaux, de Saint-Maur ou de Prémontré. C'est là cependant que nous aimons à vivre, à rêver, à connaître leurs noms, leurs vertus et l'exemple qu'ils nous ont laissé.

Le manuscrit que nous analysons aujourd'hui n'est pas le seul monument de notre histoire, conservé à Rennes. Tout le monde sait les ruines irréparables de 93 ; les églises pillées, les prêtres, les moines, les vierges du cloître chassés et mis à mort, les monastères détruits ou vendus pour quelques assignats à des intrus, à des apostats ou à des voleurs, les nobles traqués comme des bêtes fauves, etc.; voilà le gros du bilan de cette première république. Les papiers et les archives des couvents et des monastères furent le plus souvent ou brûlés, ou vendus à l'encan; ce qui échappa à la destruction devint la propriété de l'état et se trouve actuellement dans les différentes archives municipales ou départementales.

Puisque nous nous occupons d'un manuscrit de la bibliothèque publique de Rennes, nous donnerons en même temps le catalogue de ce qui concerne l'Ordre de Saint-François, conservé à la bibliothèque ou aux archives de la même ville :

ARCHIVES DÉPARTEMENTALES DE L'ILLE-ET-VILAINE

C. 1285. — Aumônes distribuées par les religieux.
C. 169. — Capucins apostats vivant à Nantes.
C. 2495. — Capucins de Guingamp.
C. 511. — Capucins de Lamballe.
C. 790. — Capucins de Rennes.
C. 1246. — Capucins de Nantes, Quimper, Saint-Malo, Vannes.
C. 60. — Confrérie de Saint-Maurice aux Cordeliers de Rennes.
C. 171. — Cordeliers.
C. 60 - 790 - 1246 - Cordeliers de Rennes.
C. 213. — Cordeliers de Montjean.
C. 1246. — Cordeliers de Nantes.

C. 45. — Cordeliers de Quimper.
C. 167. — Cordeliers de Montjean (Anjou).
C. 1248. — Couvent de Sainte-Elisabeth à Nantes, Cordelières.
C. 1184. — Inhumation dans les églises.
C. 1195. — Monastères et Communautés de la subdélégation de Vannes.
C. 197. — Ordre du Roi au Frère *Didace* de se retirer dans son couvent.
C. 565. — Plan de l'enclos des Cordeliers de Quimper.
C. 704. — Plan de la rue passant par les Cordeliers de Vannes.
C. 22. — Provincial des Capucins de Bretagne.
C. 1246. — *Récollets* de Châtelaudren.
C. 159. — Récollets de l'Isle-Verte.
C. 630. — Récollets de Landerneau.
C. 1246. — Récollets de Port-Louis.
C. 2466. — Récollets de Pontorson.
C. 1246. — Récollets de Nantes.
C. 23 - 1246 - 2458. — Récollets de Saint-Malo.
C. 22. — Renseignements sur le caractère du Père Augustin de Quimperlé.
C. 2515. — Vœux dans les monastères.

# EXTRAIT

du Catalogue manuscrit des Archives communales antérieures à 1793, qui se trouvent à la Bibliothèque de la ville (1re partie, page 212).

N° 293. — Travée 6. — Liasse 1430-1639, 45 pièces dont 7 sur parchemin. — Inventaire détaillé. Languedoc. — N° 168.

Titres concernant les religieux Cordeliers de la ville de Rennes. — Quittance de 60 l. donnée aux mineurs par le Frère Jean Delaunay, gardien des Frères mineurs de l'Ordre de Saint-François : — Délibération de la Communauté portant qu'il sera payé 20 écus d'or pour la nourriture du Frère *Olivier Maillard*, custode des Frères Mineurs de l'Observance, assisté de deux Frères pendant la prédication du Carême, et, en outre de 7 l. 10 s. pour leur acheter à chacun un habit.

— Acte de fondation de 10 l. de rente faite au couvent de Saint-François, par François de Laval, évêque de Dol. — Délibération portant qu'il sera payé 21 écus au Soleil, aux Cordeliers, pour rétablir les vitres de leur Eglise qui furent brisées par les décharges des fusils et des canons pendant le feu de joie qui eut lieu dans la cour de leur couvent, — qui accorde aux religieux de Saint-François une somme de 3,000 l. pour réparer les murs et l'église de leur couvent; procès-verbal rapporté par les députés de la Communauté touchant les réparations du dit couvent, ordonnances de différents paiements aux Frères

Cordeliers pour indemnité de terrains. — Délibérations, ordonnances et marchés au sujet de la démolition du portail situé à l'entrée de la porte Saint-François — pour la démolition de la porte Saint-François. — Voir même catalogue, n° 115.

N° 291. — Travée 6. — 1639-1758. — 55 pièces dont 8 sur parchemin. - N° 168 de l'inventaire détaillé.

Titres concernant les religieux Cordeliers de la ville de Rennes. — Arrêt du Conseil d'État par lequel il est ordonné que les Religieux réformés de Saint-François, de la custodie de la Sainte-Trinité, établis en cette ville par l'Évêque de Rennes, et chassés de leur couvent y seront rétablis, que les derniers en sortiront et demanderont l'absolution au dit Évêque. — Donation faite aux Cordeliers, par MM. de la communauté, de deux portions de terrains situés sur les murs de la ville. — Arrêt du Conseil rendu en faveur des Cordeliers contre la Communauté de Rennes au sujet d'une rente de 12 l. — Arrêts de la Cour, portant défense aux Cordeliers d'anticiper sur la place publique lorsqu'ils bâtiront, — qui les maintient dans le droit d'affermer deux boutiques situées sur le perron du Palais. — Ordonnances de M. l'Intendant au sujet d'une maison que les Cordeliers font construire auprès de leur église, — que les dits Religieux seraient tenus de représenter les titres de propriété des deux boutiques situées sous le Palais, — qui enjoint à l'adjudicataire chargé de déblayer la place du du Palais de démolir avec précaution une croix appartenant aux Cordeliers, et de la transporter ainsi que les ossements qu'ils pourront trouver, dans l'intérieur du couvent. — Requêtes présentées à Messieurs de la Communauté par les Religieux Cordeliers, concernant les affaires de leur couvent.

N° 297. — Travée 6 — 1604-1787 — 105 pièces dont 5 sur parchemin. — n° 171 de l'inventaire détaillé.

Titres concernant les Capucins. — Délibération de la communauté de la ville de Rennes qui nomme le s<sup>r</sup> Julien Boullé pour recevoir les libéralités des personnes qui voudront donner pour l'établissement des *Capucins de Rennes*. — Procès verbaux rapportés par les commissaires nommés pour employer les fonds destinés à la construction du couvent des Capucins. — Lettre missive du frère Raphaël, provincial des Capucins adessée à MM. les Habitants de la ville de Rennes par laquelle il leur annonce l'arrivée de ses religieux en cette ville. — Délibération faite devant notaire par M<sup>e</sup> Briot portant qu'il n'a fait que prêter son nom à MM. de la communauté pour la question des terrains sur lesquels est bâti le couvent des Capucins. — Délibération de la communauté de Rennes qui nomme des députés pour faire l'acquisition d'une partie du lieu de la Cochardière afin de l'approprier au couvent. — Contrat de vente de plusieurs terrains acquis par la communauté de la ville de Rennes pour agrandir le couvent et les jardins. — Délibération portant qu'il sera donné aux *Capucins* une pipe de vin blanc, un barreau d'huile et autres provisions jusqu'à la concurrence de 800 l. à l'occasion du chapitre général qui doit s'assembler à Rennes. — Concessions de tous amortissement et indemnité à des terrains employés pour les bâtiments de l'église et couvent des *Capucins* situé dans le fief de S.-Melaine, faites à MM^rs de la communauté par Pierre du Lyon, abbé de S^t-Melaine. — Bulle du pape Clément XI au sujet de la canonisation de *S^t Félix de Cantalice*. — Procédure entre MM. de la communauté et le s^r de la Cochardière au sujet de la propriété d'un mur qui sert d'enclos au jardin *des Capucins*. — Requête présentée, à la communauté de la ville de Rennes, par *les Capucins* pour obtenir des secours — etc.

Archives d'Ille-et-Vilaine. — C 1. — 246 liasse — 108 pièces

Correspondance entre l'intendant et MM. le baron de Breteuil, de Courteille, de Cremilles, de la Houssaye, le chevalier Mazin d'Arades — major du Régiment de Brie, subdélégués, Le Gaf de Lalande, à Landerneau, et Bobet de Lanhuran, à Quimper, relative à une contestation entre les *Capucins de Nantes* et les officiers de police de la dite ville, au sujet du nouvel escalier que ces religieux ont fait construire pour servir d'entrée à leur église, — aux constructions que les Cordeliers du couvent de Saint-François ont fait faire sur la place du palais à Rennes ; — à une plainte des mêmes religieux sur ce que le tir du canon sur le rempart ébranle leur couvent et en brise les vitres ; — au paiement du loyer des appartements des Cordeliers de Nantes, qui sont occupés par la Chambre des Comptes : 4800 livres pour quatre années ; — requeste des Recollets de Châtelaudren pour obtenir la confirmation de leur établissement. — *Couvents des Capucins* de Quimper,

S.-Malo et Vannes ; — *des Franciscains* de Dinan, des Recollets de Nantes, S.-Malo et Port-Louis.

N° 116. — Archives municipales de Rennes. — Inventaire manuscrit, pages 91 et 92, 1re partie.

Lettre du duc Jean V portant qu'il sera payé aux Frères Mineurs de Rennes Cordeliers 60 l. d'une part et 200 l. d'autre pour indemnité de partie de leur jardin employée au boulevard S.-Georges.

286. — Arrêt de la Cour qui fait défense aux Pères Cordeliers d'admettre des laïques aux leçons qu'ils font à leurs religieux.

# CHAPITRE PREMIER

DÉDICACES A MARIE, A L'ANGE GARDIEN, AUX SUPÉRIEURS
DE LA PROVINCE. — DESCRIPTION DES IMAGES.

> Sers-toy de nostre labeur, amy
> lecteur, et bien te soit.
> ABRAHAM ORTELIUS.

Le manuscrit 776 de la bibliothèque publique de la ville de Rennes dont nous donnons aujourd'hui une analyse et quelques extraits, est un monument considérable pour l'histoire de la première époque de la province des Capucins de Bretagne.

L'ouvrage débute ainsi :

« ✝ IHS. — Don très-humble et de très-pure charité fait à la Séraphique Province de Bretagne, et aux RR. Pères Supérieurs D'icelle eslus au chapitre du Mans, le Vendredy 8ᵉ Septembre, jour de la Nativité de N. Dame, par F. B. de B., le plus petit et le plus indigne Prestre des enfans de cette Province. (1)

» Les Pères, de leurs Fils ayment tous les ouvrages,
» Va donc entre leurs mains et ne crains les outrages. »

L'auteur dédie ensuite son livre à Marie, à l'Ange gardien

---

(1) *Alia-manu*, sur la garde intérieure du manuscrit. « Ce manuscrit est de Frère Balthasar de Bellême, capucin du couvent du Mans. Il prit l'habit le 9 Jer 1627, à l'âge de 23 ans et fit cet ouvrage en 1662. Né à Beaumont-le-Vicomte, l'an 1603. »

de la province de Bretagne et aux Supérieurs de cette même Province.

## A Marie
### Mère de Dieu et des Frères-Mineurs

TRES HÛBLE SALUT ET DÉVOTE PRIÈRE.

O beau Soleil, tres-clair et lumineux,
Mère de Dieu, qui ravis tous les cieux,
Escoute-nous, dans ce val ténébreux,
Deslivre-nous du monde malheureux,
    O Marie.

Marie, tu es l'estoile de la mer,
Où nous voguons toujours dans le danger
De mille maux et de nous submerger,
Si tu ne viens seûrement nous guyder,
    O Marie.

C'est toy qui a obtenu du grand Dieu
L'Ordre sacré des Mineurs dans ce lieu ;
Loge-le donc dans ton sein, au milieu,
Nous t'en prions, par un tres-humble vœu,
    O Marie.

Esclaire-nous, ô lumière du ciel,
Chasse de nous, des hérésies le fiel,
Nourris nos cœurs du tres-savoureux miel
De Jésus-Christ, le flambeau éternel,
    O Marie.

Vase sacré de toute pureté,
Loge en nos cœurs la pure chasteté,
Bannis de nous toute l'impureté
Que les Démons ont contre nous jetée,
    O Marie.

Obtenez-nous la sainte humilité,
L'esprit divin de la vraye pauvreté,
Et d'obéir la ferme volonté,
De vostre fils, Roy de charité,
    O Marie.

Mère de paix et de sainte Union,
Chassez de nous toute division,
Deslivrez-nous de tribulation,
Faites-nous voir de Dieu la vision.
  O Marie.

Mère d'amour, unissez tous nos cœurs
En charité, qui change nos froideurs
En feu divin et divines chaleurs,
Pour nous brusler des célestes ardeurs,
  O Marie.

Porte du ciel, Marie, mère d'amour,
Introduisez au céleste séjour,
Tous les enfans de François, tour à tour ;
Faites-leur voir Jésus, au dernier jour,
  O Marie.

Mère de Dieu et Princesse des Cieux,
Deslivrez-nous du monde captieux,
Logez-nous au sein tres-gracieux
De vostre amour, vrayment délicieux,
  O Marie.

Tout icy-bas n'est que poussière et vent,
Où nous vivons en continuel tourment ;
Conduysez-nous, Marie, au Firmament,
Avec Jésus, vostre Fils tres-clément,
  O Marie.

Puisqu'icy bas tout n'est que vanité,
Tout n'y est plain que de meschanceté,
Attyrez-nous dans le ciel empyré,
Où tout est simple et plain de sainteté.
  O Marie.

Conservez bien, Vierge, mère d'honneur,
De l'ennemy ce mien petit labeur.
Et escitez tout juste Supérieur
D'en estre aussi le zélé Protecteur.
  O Marie.

## A l'Ange Gardien et Tutélaire de la Province Séraphique de Bretagne.

### T. H. Salut

Ange Gardien des Capucins Bretons,
Deffens-nous tous des raffinez Desmons,
Affin qu'un jour, tous au ciel nous soyons
Pour y chanter les divines chansons.

Amy du cœur, ô ange divin !
Protége-nous, tant au soir qu'au matin,
Chasse de nous du démon le venin,
Par ton regard trés-doux et trés bénin.

Ange de Dieu, invincible soldat
Du Tout-Puissant, au céleste combat,
Renverse ici le ténébreux Forçat
Qui nous voudroit accabler tout à plat.

Ange sacré, conserve le Troupeau
De saint François dans l'Eglise, trés-beau,
Fais fuir le loup qui deschire l'aigneau,
Fais la colombe, et chasse le corbeau.

Ange Gardien qui m'as tousjours gardé
Et que partout m'as aussi regardé,
Aye sans cesse icy ton œil dardé,
Pour conserver ce labeur non fardé.

Salut, vous soit, Ange tres-glorieux,
Conduysez-nous vers le séjour des cieux,
Avec les saincts et tous les Bienheureux,
Pour bénir Dieu à jamais avec eux.
    Ainsi soit-il !

*Aux Révérends Pères,*
*Aux Vocaux Brittaniques et Séraphiques Pèlerins du Tombeau des Apostres Saint Pierre et Saint Paul, en l'an de grâce 1662.*

TRÈS HUMBLE ET AFFECTUEUX SALUT.

Cet astre fortuné, qui a conduit les Mages,
A conduit nos vocaux à Rome, heureusement ;
Dieu les a conservés, comme les vraies images,
Et les a ramenés dans leur propre élément.

O Rome fortunée ! ô ville bienheureuse !
Tu as veu cette année, en ton sein glorieus,
Des enfants de François une troupe nombreuse
Qui sont allés t'offrir et leurs cœurs et leurs vœux.

Dedans l'an mil six cent soixante-deus, à Rome,
A tenu le chapitre auguste et général,
Où le Pape Alexandre a fait voir tout en somme
Que l'Oraison estoit nostre esprit principal.

O heureuse nouvelle, annoncée par un ange
Et de deux bons témoins appuyée fortement ;
Timothée, craignant Dieu, avec un Père Archange,
Nous disent qu'il est vray : n'en doutons nullement.

Puis donc que la retraite et la vraye solitude,
Le silence sacré et la sainte Oraison
Sont l'esprit qui nous doit tyrer de servitude,
Embrasons-en nos cœurs comme un bruslant tyson.

Venez, Pères, venez, dedans vostre Province,
Nous apporter de Rome et du siège papal
Cet esprit d'oraison, puisque notre grand Prince
Veult que vous nous donniez cet esprit principal.

Soyez les bien-venus, ô Pères débonnaires,
Venez vous reposer de vos fâcheux travaux,
Puisque vous revenez tout remplys de lumières
Qui s'en vont dissiper nos ténèbres, nos maus.

Vous avez tous passé les montagnes glacées,
Les Alpes, le Cenis, pour chercher ce trésor,
Et vous nous l'apportez dans les boistes sacrées
De vos cœurs amoureus, comme une toyson d'or.

> Soyez-en remercié des enfans de lumière
> Et tous recompensez de leur Père Eternel,
> Qui promet aux enfans d'oraison et de prière,
> Icy-bas et au ciel, un repos éternel.
>
> O Pèlerins romains ! venez vous délasser
> A l'ombre d'un soleil, qui n'a de la lumière
> Que pour vous resjouir et vous faire passer
> Des ennuys de ce monde aux plaisirs de la gloire.
>     Amen !

Si dans ces vers nous trouvons bien souvent le goût et le style de l'époque, plusieurs cependant ne manquent ni de charme, ni de poésie, et le lecteur est obligé d'admirer l'amour du P. Balthazar pour la Reine du Ciel et pour son Ordre.

Avant d'arriver au catalogue des mille premiers Religieux de la province des Capucins de Bretagne que nous publierons intégralement, selon l'ordre alphabétique, l'auteur sème son manuscrit de dessins à la plume, de vignettes, d'images, de discours. On y rencontre encore les noms des couvents des provinces de Touraine, de Bretagne, de Paris, de Normandie, avec la date de la plantation de croix des couvents, le tableau du Chapitre général tenu à Rome, l'année du grand Jubilé de 1650, « des remarques mémorables et agréables de tout l'Ordre de notre séraphique Père sainct François d'Assise », « l'acte du don fait aux Capucins du Mans, par Messieurs du Chapitre très-célèbre de Sainct-Julien-du-Mans pour la place de leur couvent », « des remarques divertissantes des Fondations et establissements [de] religieux et [de] religieuses du Mans et de leurs Monastères », « les autres fondations de Religieux et de Religieuses de la Province du Mayne », « les cas réservés à Monseigneur l'Evesque du Mans en 1663, au nombre de 23 ». Il est donc facile de voir par cette nomenclature de la première partie de l'ouvrage du P. Balthazar de Bellème que c'est une mine précieuse pour notre histoire.

Mais revenons à nos vignettes : le premier dessin qui s'offre à nous est une *Etoile toute resplendissante de rayons.* Au milieu de l'étoile on lit : « AVE MARIA G. PL. » Autour, en exergue : *Aurore du soleil de justice.* — Deux trompettes de chaque côté ; le long de la première, ces mots : *Venite benedicti* ; — le long de la seconde : *Ite maledicti* ; et plus bas : *Quand le soleil se lève, il resjouit les diligents et contriste les paresseux.*

L'image suivante est *un cul-de-lampe* ; on y voit un agneau tenant une croix, avec ces paroles en dessus : « *Discite omnes quia mitis sum et humilis corde.* » Et en dessous :

> « Jésus, l'Agneau sans tache, enseigne à ses enfants
> L'humilité du cœur et la douceur chrestienne :
> Ce sont ces deux vertus qui sont les éléments
> D'un vray Frère-Mineur qui veut vivre contens
> Parmy les embarras de cette vie terrienne.
> Avec l'humilité et cordiale douceur,
> De tous ses supérieurs, comme de tous ses frères,
> (Voire des plus pervers) il gaignera les cœurs :
> Il aura icy-bas un souverain bonheur,
> Et sera triomphant de toutes les misères. »

Une autre miniature portant en tête : *Sursum corda*, représente saint François laissant sortir de sa bouche *une flamme*, avec ces paroles : *Regi sæculorum immortali et indivisibili, soli Deo honor et gloria in sæcula sæculorum. Amen.* — En coin, un soleil dardant ses rayons — en dessous un cœur contenant ces mots : *Vive Jésus !* et à côté cette indication : *Soleil Levant — l'ennemy des Paresseux.*

On trouve ensuite une grande image intercalée dans le texte et représentant un soleil lumineux ; au centre une ✝ et IHS avec un cœur. Au bout des trois rayons du haut, ces mots : *Deus Filius — Deus Pater — Deus Spiritus sanctus* ; au bout des vingt-neuf autres rayons le nom des 29 couvents de la Province de Bretagne, dans l'ordre suivant : 1 Nantes — 2 Beaugé — 3 Le Mans — 4 Rennes — 5

Mayenne — 6 Château-Gonthier — 7 Morlaix — 8 Saint-Malo — 9 Kimper — 10 Laval — 11 Machecoul — 12 Auray — 13 Saint-Brieuc — 14 Vannes — 15 Guingamp — 16 Fontenay — 17 Les Sables — 18 Croisic — 19 Luçon — 20 Roscoff — 21 Dinan — 22 Lannion — 23 La Flèche — 24 Landerneau — 25 Hennebont — 26 Kimperlé — 27 Marans — 28 Audierne — 29 L'Hermitage. — Autour ce texte : *Ego sum lux mundi ; qui sequitur me non ambulat in tenebris, sed habebit lumen vitæ, ait Jesus.* (Joan. 8.) — En dessous : *Non est personarum acceptio apud Deum.* Ce soleil bien fait à tous, et sans exception il jette sa lumière ; en bas, une carte de l'ouest de la France, avec les couvents de la Province énumérés plus haut, avec ces mots, en exergue : *Toute cette belle Province n'a qu'un Dieu, un Soleil, un Père et un Océan d'amour.*

Voici une autre image aussi belle et plus significative : Un Frère-Mineur porte une croix, les épines de la pénitence tout autour de lui. En coin : *Le monde se rit de moy, et moy je le méprise.* Il dit : *Je la tiens bien [la Croix]* — et jouant avec ses doigts ensanglantés sur des épines : *Voicy ma charmante espinette et musique* — Dans un cœur : *Cor contritum et humiliatum non despicies, Domine.* — Dans un carton entouré d'épines :

> Gustate : Pâtir et gémir,
> Prier et pleurer,
> Ne dire mot et passer pour idiot,
> Sont d'un Frère-Mineur
> Les armes et le bonheur. « *Multi vocati, pauci electi.* »

En dessous de l'image :

> Si nous voulons aller au ciel, en assurance,
> Nous devons tous choisir le chemin espineux
> Et porter la Croix, et au cœur la souffrance,
> Si non ; n'espérons pas d'aller jamais aux cieux.
> *Arcta via est quæ ducit ad vitam.* (Math. 7 — 14.)

Autre image, fol. 9 recto. — SOLEIL COUCHANT. — Au milieu de l'image, une grande croix ; au-dessus des deux bras de la croix ces inscriptions : *Voicy le compendium et l'abbrégé de la vie et reigle des Frères Mineurs Capucins.* — *Si vous cherchez la clef du ciel, la voicy.* — Au côté droit de la croix un calice surmonté d'une hostie, et de chaque côté ces inscriptions : *Loué soit le Très-Saint Sacrement de l'autel.* — *Celui qui vit du Très-Saint Sacrement ne périra jamais assurément.* — Qui manducat hunc panem vivet in æternum. Au côté gauche de la croix, en dessous du bras, un cœur sortant d'une « fournaise séraphique ». Dans ce cœur un triangle renversé, avec ces mots : *Cœur pastoral ;* autour de ce triangle, ces trois mots : *Puissance — Bonté — Sagesse.* Ce cœur est relié à la croix par trois cordes ; *admonition et correction paternelles — amour sincère et universel — patience forte et bon exemple.* En dessous de l'image on lit :

### Aux
### Légitimes Enfants de la Croix

Vous qui, pour mon amour, marchez sur des épines,
Venez vous rassasier de mes grâces divines ;
Venez à ce calice où je verse mon sang,
Que je tire pour vous de mon très sacré flanc.
Il vous lavera tous de vos taches malines,
Et vous enrichira de mes faveurs divines.

« Vos estis qui permansistis in tentationibus meis et ego dispono vobis... ut edatis et bibatis super mensam meam in regno meo. » (Luc. 22-28.)

Le verso du même folio contient une autre image, au haut de laquelle se trouve le mot « Charitas » ; de côté, un grand arbre sur lequel est perché un pélican déchirant son sein ; en dessous, un petit recevant dans son bec les gouttes de sang. Cet arbre abrite un Capucin qui laisse sortir de sa bouche une flamme, avec ces paroles : *Labor est ante me ;* devant le Capucin une montagne très élevée : en côté cette indication : *Beau-Mont ;* au-dessus, dans un carton : *Paradis. Qui potest capere, capiat.*

La montagne est divisée en dix degrés, qui sont en commençant par le bas :

> Connaissance de soy et de son néant.
> Connaissance de Dieu et de ses bénéfices.
> Profonde humilité et mépris de soi-même.
> Solitude, silence et fuite du monde exacte.
> Lecture de la Bible, fuite des livres curieux.
> Pureté angélique et aversion des femmes parées.
> Bon cœur au chœur et à l'oraison continue.
> Bon exemple en tout lieu et à tous.
> Charité parfaite de Dieu et du prochain.
> Union avec Dieu.

En dessous, ces vers :

> A vous, ô grand François, mon tres-aymable Père,
> Et à mes supérieurs, vos enfans bien-aymez,
> Je dédie ce labeur, pour l'honneur et la gloire
> Du grand Dieu immortel, qui nous a appelez
> Pour combattre icy-bas des desmons la puissance,
> Afin de nous donner au ciel la récompense.

# CHAPITRE II

## CATALOGUE ALPHABÉTIQUE DES MILLE PREMIERS RELIGIEUX CAPUCINS DE LA PROVINCE DE BRETAGNE

> Au jour du jugement lorsque la trompette éclatera, François secouant son linceuil de mort, s'en ira couvert du sceau du Dieu vivant, au-devant de N. S. Avec lui se lèveront de la terre, la phalange des FF. MM. et la troupe éclatante de Claire et de ses filles.

Le P. Balthazar commence ainsi cette partie de son manuscrit :

Au lecteur pieux dévot,

Ce premier catalogue contient les mille premiers religieux Capucins de la province de Bretagne qui fut érigée à Orléans par la division de la province de Touraine, le 18 may 1629, faicte par le T. R. P. Jean-Marie de Noto, général.

> Mes Frères. Bénissons de Dieu la Providence
> Et sa bonté divine envers nous, Capucins,
> De nous avoir choisis, par sa douce clémence,
> Pour nous mettre à l'abry de ces peuples mutins.

†

I. H. S.

## A

1 Adrien d'Orléans, p' (1), vêture le 6 avril 1602, mort en 1654.

(1) Nous indiquerons par p', le titre de prédicateur, par p celui de prêtre, par c le titre de clerc, et par l la qualification de frère lai.

2 Anthoine de Rhennes, p, vêture le 10 may 1602, mort en 1638.

3 Anastase de Nantes, p¹, vêture le 14 juillet 1603, mort en 1642.

4 Apollinaire de Clisson, l, vêture le 14 août 1603, à l'âge de 19 ans, mort en 1652.

5 Augustin de la Ferté, p¹, vêture le 25 octobre 1603, mort en 1642.

6 Anthoine de Rennes, l, vêture le 15 juin 1605, mort en 1648.

7 Archange de Blin, p, vêture le 1 may 1608, à l'âge de 20 ans, mort en 1667.

8 Ange de Gennes (1), l, vêture le 29 septembre 1609, mort en 1653.

9 Ange de Chasteau-Gonthier, p¹, vêture le 30 avril 1610, mort en 1662.

10 Archange de Nantes, p¹, vêture le 3 septembre 1610, mort en 1631.

11 André de Dinan, l, vêture le 3 juillet 1611, mort en 1631.

12 Angélique de Nantes, p¹, vêture le 6 juillet 1613, mort en 1638.

13 Aignan de Vannes, l, vêture le 16 aoust 1613, mort en 1630.

14 Ambroise de Brest, p¹, vêtu le 17 juin 1615, à l'âge de 29 ans, mort en 1657.

15 Augustin de Dinan, p¹, vêtu le 17 mars 1616.

16 Anthoine de Quintin, p¹, vêtu le 13 juin 1616, à l'âge de 16 ans, mort en 1661.

17 Anaclet de Rennes, p, vêtu le 9 juillet 1616, mort en 1633.

18 Aymé de Saint-Brieuc, p¹, vêtu le 4 septembre 1616, mort en 1639.

(1 - Chef-lieu de canton du Maine-et-Loire.

19 Archange de Bazouges, p, vêtu le 4 avril 1617.
20 Anthoine du Mans, vêtu le 10 juin 1620.
21 Albert de Nantes, pr, vêtu le 4 décembre 1620, mort en 1647.
22 Anthoine de Mézières (1), p, vêtu le 28 octobre 1620, mort en 1632.
23 Anthonin du Mans, pr, vêtu le 8 septembre 1621, à l'âge de 20 ans, mort en 1667.
24 Accurse de Saint-Mars, pr, vêtu le 10 novembre 1621, mort en 1646.
25 Anthoine de Saint-Brieuc, pr, vêtu le 13 avril 1622, à l'âge de 21 ans, mort en 1664.
26 Augustin de Saint-Pair-en-Retz, pr, vêtu le 28 mars 1623, mort en 1639.
27 Ange de Guérande, pr, vêtu le 25 novembre 1623, à l'âge de 21 ans.
28 Apollinaire de Machecoul, pr, vêtu le 9 février 1624, mort en 1637.
29 Alexandre de Nantes, pr, vêtu le 18 mars 1624, mort en 1646.
30 Anselme de Dol, pr, vêtu le 27 juin 1624, à l'âge de 22 ans.
31 Adrien d'Auray, pr, vêtu le 27 juin 1624, à l'âge de 23 ans, mort en 1655.
32 André de Morlaix, pr, vêtu le 3 juillet 1624, mort en 1648.
33 Athanase de Lannion, pr, vêtu le 5 juillet 1624, à l'âge de 20 ans.
34 Alexis de Lamballe, pr, vêtu le 28 septembre 1624, à l'âge de 26 ans, mort en 1666.
35 Agathange de Morlaix, pr, vêtu le 12 octobre 1625, à l'âge de 26 ans.

(1) L'Ille-et-Vilaine a deux localités portant ce nom.

36 Albert de Montfort, p', vêtu le 15 octobre 1625, à l'âge de 22 ans.
37 Aignan de Clisson, l, vêtu le 9 février 1627, à l'âge de 20 ans.
38 Adrien de Quimper, l, vêtu le 8 avril 1627, mort en 1647.
39 Ambroise d'Auray, p, vêtu le 22 may 1627, à l'âge de 18 ans, mort en 1655.
40 Agapit d'Ernée, p, vêtu le 3 juillet 1627.
41 Augustin de Guémené, p, vêtu le 27 aoust 1627.
42 Alexis d'Hennebont, l, vêtu le 3 novembre 1627.
43 Ange de Mamers, p', vêtu le 11 juin 1628, à l'âge de de 17 ans.
44 Albert d'Ernée, p, vêtu le 11 juin 1628, mort en 1647.
45 Archange de Dol, p, vêtu le 16 juin 1628, à l'âge de 17 ans, mort en 1661.
46 Anthoine de la Ferté, p', vêtu le 19 juin 1629, à l'âge de 20 ans, mort en 1652.
47 Anastase de Mons, p', vêtu le 5 décembre 1629, à l'âge de 21 ans, mort en 1657.
48 Anthoine de Nantes, p', vêtu le 17 avril 1630, à l'âge de 17 ans.
49 Archange de Rennes, p', vêtu le 24 juillet 1630, à l'âge de 17 ans.
50 Anaclet de Lassay, p', vêtu le 13 juillet 1632, à l'âge de 22 ans.
51 Albert d'Auray, p', vêtu le 7 aoust 1632, à l'âge de 24 ans, mort en 1660.
52 Anselme de Rennes, p', vêtu le 7 novembre 1632, mort en 1644.
53 Alexis de Rennes, p', vêtu le 16 novembre 1632, mort en 1647.
54 André de Pontaven, p', vêtu le 7 avril 1633, mort en 1649.

55 Alphonse de Vannes, c, vêtu en 1633, mort en 1634.
56 Ambroise du Mans, l, vêtu le 7 décembre 1633, à l'âge de 24 ans.
57 Angélique de Quintin, p, vêtu le 18 décembre 1633, à l'âge de 26 ans.
59 Anastase de Guémené, p, vêtu le 25 janvier 1634, à l'âge de 21 ans, mort en 1655.
60 Alexandre de Loudéac, l, vêtu le 3 may 1634, à l'âge de 22 ans.
61 Aignan de Saint-Pol, p, vêtu le 13 aoust 1634, âgé de 18 ans, mort en 1658.
62 Ange de Rennes, l, vêtu le 6 may 1635, âgé de 19 ans.
63 Ambroise du Mans, p, vêtu le 8 décembre 1635, âgé de 21 ans, mort en 1652.
64 Anthyme du Mans, p, vêtu le 10 novembre 1636, mort en 1658.
65 Alphonse de Loudéac, p, vêtu le 14 mars 1637, âgé de 16 ans.
66 Amand de Saint-Brieuc, p, vêtu le 16 janvier 1639, âgé de 19 ans.
67 Agathange de Rennes, p, vêtu le 29 janvier 1639, âgé de 17 ans, mort en 1667.
68 Arsène de Vannes, p, vêtu le 29 novembre 1639, âgé de 22 ans.
69 Accurse de Lesneven, l, vêtu le 12 février 1640, âgé 23 ans, mort en 1651.
70 Anthoine de Laval, c, vêtu le 14 juin 1641, mort en 1650.
71 Amédée du Croisic, c, vêtu en 1641, mort en 1642.
72 Archange de Saint-Malo, p', vêtu le 26 juillet 1641, à l'âge de 16 ans, mort en 1717.
73 Ange de Carhais, p, vêtu le 21 avril 1642, âgé de 16 ans.

74 Augustin de Josselin, p, vêtu le 24 aoust 1642, âgé de 20 ans.
75 Alexis de Vitré, p, vêtu le 15 mars 1643, âgé de 19 ans.
76 André de Dinan, l, vêtu le 12 février 1644, âgé de 24 ans, mort en 1654.
77 Athanase de Saint-Brieuc, p', vêtu le 24 may 1644, âgé de 25 ans.
78 Anthoine d'Auray, p, vêtu le 1<sup>er</sup> avril 1645, âgé de 21 ans.
79 Alexis du Mans, p', vêtu le 19 may 1645, âgé de 15 ans.
80 Anselme de Rennes, p, vêtu le 9 juin 1646.
81 Aymé de Lamballe, p, vêtu le 12 janvier 1647, âgé de 24 ans.
82 Amédée de Lassay, p, vêtu le 21 février 1647, âgé de 22 ans, mort en 1661.
83 Accurse de Guingamp, l, vêtu le 6 mars 1647, à 26 ans.
84 Arsène de Rennes, p, vêtu le 17 septembre 1648.
85 Anthoine de Châteaubriant, p, *idem*.
86 Anastase d'Auray, p', vêtu le 17 janvier 1649.
87 Alexis de Josselin, p', vêtu le 24 juin 1649, à 17 ans.
88 André de Quimperlé, l, vêtu le 11 juillet 1649, à 26 ans.
89 Aignan de Carhais, p, vêtu le 25 avril 1649.
90 Alexandre de Ploërmel, p', vêtu le 10 janvier 1650, à 19 ans.
91 Augustin de Quimperlé, p', vêtu le 27 février 1650, à 19 ans.
92 Anthoine de Roscoff, p, vêtu le 25 mars 1650.
93 Angélique de Lamballe, p, vêtu le 21 avril 1650.
94 Agapit de Rennes, c, vêtu le 6 aoust 1656, mort en 1656.

95 Ambroise de Vannes, p, vêtu le 7 décembre 1650.
96 Accurse de Châteauneuf, p, vêtu le 28 février 1651.
97 Anthonin de Rennes, p, vêtu le 1ᵉʳ mai 1651.
98 André de Saint-Brieuc, p, vêtu le 30 novembre 1651.
99 Aymé de Rennes, p, vêtu le 16 février 1652.
100 Angélique de Rennes, p, *idem*.
101 Alexis de Pontivy, p, vêtu le 9 février 1653.
102 Archange de Ploërmel, p, vêtu le 2 février 1653.
103 Anaclet de Pibriac, p, vêtu le 15 mars 1653.
104 Ange de Saint-Brieuc, p, vêtu le 15 aoust 1654.
105 Alexis de Rennes, c, vêtu le 18 février 1655.
106 Anselme de Quimper, c, vêtu le 18 mars 1655.
107 André de Rennes, c, vêtu le 6 novembre 1655.
108 Alexis de Saint-Malo, l, vêtu le 12 décembre 1656.
109 Anthoine de Brest, c, vêtu le 19 janvier 1656.
110 Augustin de Saint-Pol, c, vêtu le 15 avril 1656.
111 Agathange de Quimper, c, vêtu le 10 may 1656.
112 Alexandre du Mans, c, vêtu le 4 juillet 1656.
113 Ambroise de Rennes, c, vêtu le 25 juillet 1656.
114 Alexis de Pont-l'Abbé, c, vêtu le 16 juillet 1656.
115 Apollinaire de Rennes, c, vêtu le 22 juillet 1656.
116 Ambroise de Landerneau, c, vêtu le 24 juillet 1656.
117 Adrien de Crozon, c, vêtu le 8 septembre 1656.
118 Alexandre de Rennes, c, vêtu le 18 mars 1657.
119 Anselme de Châteaulin, c, *idem*.
120 Anthoine de Braspars, c, vêtu le 12 juin 1657.
121 Agapit de Rennes, c, vêtu le 12 aoust 1657.
122 Archange de Pont-l'Abbé, c, vêtu le 4 septembre 1657.
123 Agathange de Mayenne, l, vêtu le 4 avril 1658.
124 Ange de Quimper, c, vêtu le 28 avril 1658.
125 Ambroise de Ploërmel, c, vêtu le 16 janvier 1659.
126 Angélique de Nantes, c, vêtu le 31 juillet 1659.
127 Angélique de Quimper, c, vêtu le 11 janvier 1660.
128 Anastase d'Audierne, c, vêtu le 12 janvier 1660.

129 Augustin de Quimper, c, vêtu le 26 aoust 1660.
129 bis Ambroise de Tréguier, c, vêtu le 5 décembre 1660.
130 Ange de Laval, c, vêtu le 26 décembre 1660.
131 Agathange de Saint-Malo, c, vêtu le 4 mars 1661.
132 André de Rennes, l, vêtu le 30 novembre 1661.
133 Alexis de Quimper, c, vêtu le 24 juillet 1661.
134 Antoine de Rennes, l, vêtu le 20 janvier 1664.
135 Alexis de Landerneau, c, vêtu le 27 janvier 1664.
136 Agapit du Croisic, l, vêtu le 14 aoust 1664.

B

1 Bernardin de Laval, p, vêtu le 30 juin 1599, mort en 1641.
2 Bonaventure de Moncé, p', vêtu le 12 juillet 1606, mort en 1643.
3 Bonice de Mayenne, l, vêtu le 7 mai 1607, mort en 1661.
4 Benoist de Rhedon, p, vêtu le 21 juillet 1607, mort en 1658.
5 Bonaventure de Saint-Calais, p, vêtu le 1er janvier 1611, mort en 1651.
6 Bonaventure de Morlaix, p, vêtu le 12 may 1611, mort en 1662.
7 Bernard de Beaumont, p, vêtu le 12 juin 1611, mort en 1645.
8 Bonaventure de Rennes, p, vêtu le 8 juillet 1611, mort en 1630.
9 Balthazar de Rennes, p, vêtu le 4 octobre 1611, mort en 1636.
10 Barnabé de Saint-Célerin, p, vêtu le 18 janvier 1612, mort en 1647.
11 Bernard de Rennes, p, vêtu le 7 janvier 1614, mort en 1631.

12 Bernardin du Mans, p, vêtu le 1ᵉʳ mai 1614, mort en 1652.
13 Benjamin de Roscoff, p, vêtu le 25 janvier 1615, âgé de 21 ans, mort en 1655.
14 Barthélémy de Mayenne, p, vêtu le 9 may 1615, mort en 1633.
15 Blaise de Nantes, l, vêtu le 24 may 1615, mort en 1653.
16 Bernard de Mayenne, p, vêtu le 12 juin 1616, mort en 1637.
17 Balthazar de Ploërmel, l, vêtu le 10 janvier 1617, âgé de 20 ans, mort en 1651.
18 Bonaventure de Saint-Men, p, vêtu le 10 aoust 1617, mort en 1646.
19 Barthélémy du Mans, p, vêtu le 10 aoust 1617, mort en 1620.
20 Benin de Laval, l, vêtu le 7 février 1718, à 19 ans.
21 Bernardin d'Ernée, p', vêtu le 20 may 1618, mort en 1631.
22 Bonaventure d'Anceny, p, vêtu le 5 juin 1619, mort en 1645.
23 Bernard de Nantes, c, vêtu le 26 juin 1621, mort en 1667.
24 Bonaventure de Nantes, p, vêtu le 6 février 1622, mort en 1633.
25 Bernardin de Fresnay, p, vêtu le 11 may 1622, mort en 1640.
26 Barnabé de Guingamp, p', vêtu le 10 juin 1622, mort en 1654.
27 Benoist de Dijon, p, vêtu le 10 juin 1623, mort en 1638.
28 Bernardin de Saint-Pol, p, vêtu le 22 may 1623, mort en 1632.
29 Bonaventure du Mans, l, vêtu en 1624, mort en 1631.

30 Boniface de Nantes, p, vêtu le 15 may 1624, mort en 1636.
31 Basile de Laval, p, vêtu le 16 janvier 1625, mort en 1649.
32 Bruno de Beaumont, p, vêtu le 15 mars 1625, âgé de 22 ans, mort en 1650.
33 Brice de Rennes, p, vêtu le 27 juin 1624, à 19 ans.
34 Balthazar de Bellême, p, vêtu le 9 janvier 1627, à 23 ans.
35 Bonice de Quimper, l, vêtu le 26 juillet 1627, à 22 ans.
36 Bernard de Guingamp, p, vêtu le 26 juillet 1627, mort en 1639.
37 Brice de Quimper, p, *idem*, mort en 1643.
38 Boniface de Pontaven, p, vêtu le 17 aoust 1627, mort en 1659.
39 Barnabé d'Alençon, p, vêtu le 11 juin 1628, mort en 1641.
40 Bernardin de Vannes, p, vêtu le 4 aoust 1628, mort en 1639.
41 Bernard de Mamers, p, vêtu le 15 aoust 1628, à 28 ans.
42 Boniface de Rennes, l, vêtu le 24 aoust 1628, à 25 ans.
43 Bernardin de Redon, p, vêtu le 26 may 1630, à 18 ans, mort en 1663.
44 Bruno de Nantes, p, vêtu le 15 octobre 1630, à 21 ans, mort en 1651.
45 Basile de Saint-Malo, p, vêtu le 7 novembre 1632, mort en 1641.
46 Benin de Morlaix, l, vêtu le 14 may 1633, à 22 ans, mort en 1662.
47 Bonaventure de Beaumont, p, vêtu le 22 juin 1633, mort en 1642.
48 Basile de Vannes, l, vêtu le 14 juin 1634, à 18 ans, mort en 1653.

49 Bruno de Pempont, p, vêtu le 6 octobre 1634, à 25 ans, mort en 1666.
50 Balthazar de Moncontour, p, vêtu le 24 juin 1635, à 18 ans.
51 Bernardin de Saint-Malo, c, vêtu le 18 may 1636, mort en 1639.
52 Benin du Mans, c, vêtu le 23 aoust 1636, mort en 1639.
53 Bonaventure de Quintin, p, vêtu le 14 mars 1637, à 20 ans, mort en 1654.
54 Barthélemy du Mans, p, vêtu le 5 aoust 1637, à 20 ans, mort en 1658.
55 Bérard de Rennes, c, vêtu le 7 aoust 1639, à 20 ans.
56 Blaise de Saint-Pol, l, vêtu le 22 mars 1641, à 19 ans.
57 Barthélémy de Montfort, p, vêtu le 11 may 1641.
58 Basile de Rennes, p', vêtu le 14 juin 1641, à 16 ans.
59 Bernardin de Landerneau, p, vêtu le 13 may 1644, à 20 ans, mort en 1654.
60 Barthélémy de Dinan, p, vêtu le 24 aoust 1646, à 20 ans.
61 Bernardin de Roscoff, p, vêtu le 20 octobre 1646, à 21 ans.
62 Bernard de Guingamp, 2e, p, vêtu le 7 mars 1648.
63 Bernardin de Rennes, p, vêtu le 21 may 1648.
64 Benin de Quimper, p, vêtu le 25 avril 1649.
65 Bernardin d'Angoulême, p, vêtu le 17 may 1649.
66 Basile de Laval, 2e, p, vêtu le 5 septembre 1649.
67 Bernard de Rennes, p, vêtu le 7 novembre 1649, à 20 ans, mort en 1661.
68 Balthazar de Rennes, 2e, p', vêtu le 30 janvier 1650, à 19 ans, mort en 1663.
69 Bonaventure de Guingamp, l, vêtu le 22 juillet 1650.
70 Bonaventure de Redon, p, vêtu le 31 mars 1651.
71 Bernardin du Croisic, p, vêtu le 18 may 1651.

72 Bernard de Moncontour, l, vêtu le 11 novembre 1654.
73 Bernard de Vannes, l, vêtu le 24 may 1655.
74 Bonaventure du Mans, c, vêtu le 12 aoust 1655.
75 Benoist de Rennes, c, vêtu le 6 novembre 1655.
76 Bonaventure de Landerneau, c, *idem*.
77 Bernardin de Carentan, p, vêtu le 11 novembre 1655.
78 Balthazar du Mans, c, vêtu le 17 février 1656.
79 Bernardin de Quimper, c, vêtu le 1ᵉʳ mars 1656.
80 Benoist de Saint-Malo, l, vêtu le 23 mars 1656.
81 Benjamin de Lamballe, c, vêtu le 22 juillet 1656.
82 Bonaventure de Châteauneuf, c, vêtu le 9 juillet 1657.
83 Bernard de Concarneau, c, vêtu le 10 mars 1658.
84 Barthélemy de Limoges, c, vêtu le 25 aoust 1658.
85 Benjamin de Saint-Brieuc, c, vêtu le 24 avril 1659.
86 Bernardin de Durtal, p, vêtu le 21 may.
87 Benjamin de Pont-l'Abbé, c, vêtu le 10 mars 1658.
88 Bernardin de Fougères, c, vêtu le 23 may 1660.
89 Bernard de Saint-Pol, c, vêtu le 19 aoust 1660.
90 Bruno de Guingamp, c, vêtu le 5 octobre 1660.
91 Benjamin de Roscoff, c, vêtu le 24 février 1662.
92 Bernardin de Nantes, c, vêtu le 1ᵉʳ juin 1663.
93 Barnabé de Rennes, c, vêtu le 11 juin 1663.
94 Barnabé de Guingamp, c, *idem*.
95 Michel de Lamballe, l, vêtu le 21 mars 1663.
96 Bernardin d'Audierne, c, vêtu le 24 may 1664.
97 Basile de Saint-Brieuc, l, vêtu le 9 juillet 1664, à 20 ans.
98 Bernard de Châteauneuf, c, vêtu le 5 aoust 1664, à 18 ans.

## C

1 Christophe de Châteaugontier, l, vêtu le 25 juillet 1599, mort en 1647.

2 Constance d'Hybernie, p, vêtu le 27 mars 1600, mort en 1634.
3 Cyrille de Saint-Brieuc, p, vêtu le 19 juin 1604, à 17 ans, mort en 1655.
4 Cosme d'Auverné, p, vêtu le 27 septembre 1605, mort en 1656.
5 Calixte de Nantes, p, vêtu le 20 juillet 1606, mort en 1651.
6 Cassien de Rennes, p, vêtu le 10 aoust 1606, *idem*.
7 Constantin de Saint-Malo, p, vêtu le 20 septembre 1606, mort en 1638.
8 Célestin de Marsilly, p, vêtu le 4 octobre 1612, à 22 ans, mort en 1658.
9 Cosme de Durtal, p, vêtu le 25 octobre 1612, à 19 ans.
10 Claude de Saint-Brieuc, p, vêtu le 17 septembre 1613, mort en 1632.
11 Colombin de Nantes, p, vêtu le 13 octobre 1613, mort en 1645.
12 Clément de Charné, p, vêtu le 11 juillet 1614, mort en 1647.
13 Césarée de Roscoff, p, vêtu le 7 mars 1615, à 21 ans, mort en 1654.
14 Cyprien de Clisson, l, vêtu le 6 mars 1615, mort en 1640.
15 Christin de Nantes, l, vêtu le 18 septembre 1616, mort en 1642.
16 Charles de Lamballe, p, vêtu le ... 1617, mort en 1634.
17 Cosme de Fougères, p, vêtu le 5 novembre 1618, mort en 1642.
18 Chérubin d'Evron, p, vêtu le 7 février 1619, mort en 1638.
19 Celse de Nantes, p, vêtu le 28 may 1619, à 19 ans, mort en 1662.

20 Calixte de Lucé, p, vêtu le 12 janvier 1620, mort en 1654.
21 Cyrille de Melun, p, vêtu le 13 septembre 1620, mort en 1660.
22 Claude de Vannes, p, vêtu le 19 novembre 1621, mort en 1662.
23 Charles de Nantes, p, vêtu le 11 novembre 1622.
24 Cassien de Nantes, p, vêtu le 16 février 1623, mort en 1638.
25 Cyprien de Nantes, p, vêtu le 17 février 1623, à 20 ans.
26 Cassien de Vannes, l, vêtu le 15 aoust 1624, mort en 1656.
27 Clément de Rennes, p, vêtu le 10 avril 1625, mort en 1636.
28 Cyrin de Fresnay, p', vêtu le 9 may 1626, à 24 ans, mort en 1653.
29 Cyrille d'Ancenis, p', vêtu le 6 juin 1626, mort en 1643.
30 Cyprien de Crozon, p', vêtu le 3 juin 1627, mort en 1650.
31 Chérubin de Boussay, c, vêtu en 1627, mort en 1631.
32 Clément de Marsac, p, vêtu le 26 juillet 1627, à 19 ans, mort en 1667.
33 Cassien de Brest, p, vêtu le 26 juillet 1627.
34 Cyrille de Roscoff, p', vêtu le 6 mars 1628, à 18 ans.
35 Claude de Châteaubriant, p, vêtu le 26 may 1630, à 19 ans.
36 Cosme de Quintin, l, vêtu en 1631, mort en 1638.
37 Calixte du Mans, l, vêtu le 18 octobre 1631, à 18 ans, mort en 1652.
38 Cyrille de Rennes, l, vêtu le 2 octobre 1632, à 26 ans.
39 Césarée de Châteaubriant, p, vêtu le 31 novembre 1362, mort en 1639.

40 Clément de Moncontour, p', vêtu le 23 novembre 1632, mort en 1642.
41 Cassien de Dinan, l, vêtu le 24 juin 1633, à 32 ans, mort en 1656.
42 Christophe de Guingamp, l, vêtu le 8 juillet 1633, à 25 ans, mort en 1658.
43 Cyrille de Mayenne, p', vêtu le 2 octobre 1633, à 25 ans, mort en 1658.
44 Christophe de Roscoff, l, vêtu le 1ᵉʳ mars 1634, à 20 ans.
45 Célestin de Lassay, l, vêtu le 6 avril 1634, à 20 ans.
46 Charles de Janzé, l, vêtu le 4 novembre 1634, à 27 ans.
47 Cyprien de la Suze, p, vêtu le 8 décembre 1634, à 32 ans.
48 Cyprien de Morlaix, p', vêtu le 18 décembre 1634, à 20 ans.
49 Christophe de Bécherel, l, vêtu le 10 aoust 1635, à 22 ans.
50 Cyrille de Nantes, c, vêtu le 3 novembre 1635, mort en 1640.
51 Cosme du Mans, p, vêtu le 11 novembre 1635, à 19 ans.
52 Cyrin de Crozon, p, vêtu le 2 mars 1636, à 19 ans.
53 Claude de Saint-Brieuc, 2ᵉ, p, vêtu le 10 janvier 1638, mort en 1659.
54 Clément de Saint-Brieuc, p, vêtu le 29 février 1638.
55 Chérubin de Moncontour, p', vêtu le 10 janvier 1638, mort en 1667.
56 Candide de Nantes, c, vêtu le 21 février 1639.
67 Colomban de Morlaix, l, *idem*, vêtu à 21 ans, mort en 1663.
58 Constantin de Rennes, p', vêtu le 1ᵉʳ may 1639, mort en 1660.

59 Colomban de Landerneau, p, vêtu le 5 aoust 1640, mort en 1648.
60 Charles de Landerneau, p, vêtu le 4 novembre 1640, à 24 ans.
61 Cyrille d'Auray, p', vêtu le 6 aoust 1641, à 20 ans.
62 Christin de Vieillevigne, l, vêtu le 13 mars 1642, à 27 ans.
63 Corentin de Quimper, p', vêtu le 5 may 1644, à 18 ans.
64 Constance de Lesneven, p, vêtu le 28 janvier 1646, mort en 1662.
65 Cosme de Nantes, l, vêtu le 27 septembre 1648, à 23 ans.
66 Celse de Lesneven, p, vêtu le 21 novembre 1648, à 23 ans.
67 Célestin de Rennes, l, vêtu le 8 février 1649.
68 Charles de Lamballe, 2$^e$, p, vêtu le 7 novembre 1649, à 19 ans.
69 Candide de Rennes, p, vêtu le 10 décembre 1649, à 17 ans, mort en 1662.
70 Constance de Rennes, p, *idem*, vêtu à 27 ans.
71 Clément de Ploërmel, p, vêtu le 29 juillet 1650.
72 Constance de Saint-Brieuc, p, vêtu le 30 novembre 1651.
73 Cyrin de Rennes, p, vêtu le 13 janvier 1652.
74 Claude de Lamballe, p, vêtu le 12 février 1652.
75 Cosme de Dol, p, vêtu le 9 novembre 1652, à 19 ans.
76 Colomban de Locminé, p, vêtu le 17 janvier 1654.
77 Cyrille de Rostrenen, c, vêtu le 18 mars 1655.
78 Charles-Joseph de Rennes, c, vêtu le 25 mars 1655.
79 Christin de Rennes, l, vêtu le 14 may 1655, mort en 1666.

80 Calixte d'Hennebont, c, vêtu en 1655, mort la même année.
81 Claude de Vitré, c, vêtu le 14 août 1655.
82 Cyprien de Saint-Pol, c., vêtu le 10 mars 1656.
83 Cyprien de Carhais, c, vêtu, *idem*.
84 Célestin de Kimerch, p, vêtu le 26 novembre 1656.
85 Clément de Lesnéven, c, vêtu, *idem*.
86 Christophe de Dinan, c, vêtu le 29 juillet 1657.
87 Cassien du Mans, l, vêtu le 24 aoust 1657.
88 Charles de Rennes, c, vêtu le 3 novembre 1657.
89 Cyprien de Carhais, l, vêtu le 4 septembre 1657.
90 Claude de Rennes, c, vêtu le 8 novembre 1657.
91 Chérubin de Vitré, c, vêtu le 28 avril 1658.
92 Césarée de Lamballe, c, vêtu le 28 avril 1658.
93 Cyprien de Lamballe, c, vêtu le 25 août 1658.
94 Constance d'Hennebont, c, vêtu le 10 janvier 1659.
95 Clément de Dinan, c, vêtu le 1er juin 1662.
96 Claude de Saint-Brieuc, c, vêtu le 24 avril 1659.
97 Constantin d'Ancenis, c, vêtu le 19 novembre 1662.
98 Constantin de Rennes, c., vêtu 11 mars 1663.
99 Constantin de Saint-Malo, c, vêtu le 11 juin 1663.
100 Cosme de Fougères, l, vêtu le 14 avril 1663.
101 Cyprien de Quimper, c, vêtu le 26 janvier 1664, à 16 ans.
102 Casimir de Saint-Malo, c, vêtu le 25 février 1664.
103 Cyrin de Sillé-le-Guillaume, c, vêtu le 11 juin 1664, à 24 ans, mort en 1667.
104 Corentin-François de Pont-Croix, c, vêtu le 4 novembre 1664.
105 Charles de Douarnenez, l, vêtu le 8 octobre 1707, à 17 ans.

## D

1. Damien de Saint-Remy, l, vêtu le 7 octobre 1611, mort en 1649.
2. Dominique de Saint-Brieuc, p, vêtu le 9 octobre 1614, mort en 1637.
3. Dorothée de Rennes, p, vêtu le 4 may 1615, à 20 ans, mort en 1651.
4. Désiré de Châteaubriant, p, 26 juillet 1615, mort en 1638.
5. Denys de Saint-Denys, p, vêtu le 9 octobre 1616, mort en 1649.
6. Dominique de Domfront, l, vêtu le 20 may 1617, mort en 1661.
7. Donatien de Plélan, p', vêtu le 12 septembre 1621, mort en 1644.
8. Donatien de Nantes, l, vêtu le 30 mars 1623, à 22 ans, mort en 1660.
9. Dorothée de Guérande, p, vêtu le 30 aoust 1627, mort en 136.
10. Dorothée de Lassay, p, vêtu le 8 juin 1628, à 19 ans, mort en 1662.
11. Didace de Nogent, l, vêtu le 30 mars 1728, à 20 ans, mort en 1660.
12. Dominique du Croisic, l, vêtu le 4 aoust 1629, à 23 ans, mort en 1660.
13. Damien de Fougerolles, p, vêtu le 22 juillet 1633.
14. Dominique de Passays, c, vêtu *idem*, mort en 1639.
15. Didace d'Audierne, l, vêtu le 12 juillet 1633, à 25 ans.
16. Damase de Mayenne, p, vêtu le 11 décembre 1633, à 31 ans.

17 Daniel de Saint-Malo, l, vêtu *idem*, à 21 ans, mort en 1652.
18 Dorothée de Châteaugontier, p, vêtu le 3 mars 1634, à 18 ans.
19 Dominique de Guingamp, l, vêtu le 14 septembre 1634, à 22 ans.
20 Denys de Saint-Brieuc, p', vêtu le 18 octobre 1635, à 24 ans, mort en 1661.
21 Dominique d'Hybernie, p, vêtu le 2 juillet 1636.
22 Daniel de Quimper, l, vêtu le 10 juin 1637, mort en 1649.
23 Damien de Lamballe, l, vêtu le 10 janvier 1638, à 23 ans.
24 Désiré de Morlaix, l, vêtu le 13 mars 1641, mort en 1647.
25 Denys de Mayenne, p', vêtu le 29 septembre 1644, à 22 ans.
26 Didace de Luçon, l, vêtu le 9 novembre 1645.
27 Dominique de Malestroit, p, vêtu le 2 aoust 1646, à 18 ans.
28 Daniel de Malestroit, p, vêtu le 10 octobre 1646.
29 Désiré de la Guerche, l, vêtu le 21 mars 1646, mort en 1656.
30 Dorothée du Croisic, p, vêtu le 21 avril 1650.
31 Denys de Quimper, p, vêtu le 14 may 1650, à 18 ans.
32 Dosithée de Rennes, p, vêtu le 14 novembre 1650, à 19 ans.
33 Désiré de Morlaix, l, vêtu le 25 mars 1655.
34 Donatien de Saint-Brieuc, l, vêtu le 28 mars 1655.
35 Donatien de Dantzic, l, vêtu le 24 may 1655.
36 Damien du Mans, c, vêtu le 17 février 1656.
37 Denys de Pléber-Christ, c, vêtu le 10 mars 1656.
38 Dorothée de Sablé, c, vêtu le 5 juin 1656.
39 Dorothée de Mayenne, c, *idem*.

40 Dominique de Quimper, c, vêtu le 8 juillet 1656.
41 Dominique de Rennes, l, vêtu le 29 juillet 1656.
42 Daniel de Bécherel, p, vêtu le 12 octobre 1659.
43 Didace de Buillon, p, vêtu le 4 novembre 1622 (sic).
44 Damien de Mayenne, l, vêtu le 30 avril 1621.
45 Damien de Dol, c, vêtu le 16 mars 1662.
46 Damien de Châteaugontier, l, vêtu le 25 aoust 1658.
47 Didace de Nantes, l, vêtu le 25 aoust 1660.

# E

1 Elisée de Vitré. — Ce père est le plus ancien de la Province et le premier provincial créé à Orléans, le 15 may 1629. — p, vêtu le 19 may 1583, à 25 ans, moins 22 jours, mort en 1657, en tout 74 ans.
2 Emmanuel de la Touche, p, vêtu le 12 novembre 1604, mort en 1634.
3 Esprit de l'Homme, p, vêtu le 13 may 1605, mort en 1639.
4 Emmanuel de Redon, p, vêtu le 16 novembre 1608, mort en 1636.
5 Eusèbe de Nantes, p, vêtu le 13 may 1611, mort en 1640.
6 Esprit du Mans, p, vêtu le 21 may 1611, mort en 1658.
7 Elzéar de Bellesme, p, vêtu le 9 janvier 1612, mort en 1652.
8 Ephrem de Nantes, p, vêtu le 28 septembre 1614, à 19 ans, mort en 1665.
9 Emmanuel de la Chapelle, p, vêtu le 15 novembre 1614, mort en 1633.

10 Emmanuel-François de Nantes, p, vêtu le 6 juin 1615, mort en 1630.
11 Emmanuel de Nantes, p, *idem*, mort en 1647.
12 Exupère de Craon, l, vêtu le 14 décembre 1615, mort en 1666.
13 Emilien de Mayenne, l, vêtu en 1616, mort en 1646.
14 Edmond de Mamers, l, vêtu le 24 may 1617, à 19 ans, mort en 1664.
15 Eustache de Boussay, p, vêtu le 27 mars 1618, mort en 1641.
16 Estienne de Saint-Malo, p, vêtu le 13 octobre 1618, mort en 1659.
17 Estienne de Saint-Brieuc, p, *idem*, mort en 1647.
18 Eustache de Blin, l, vêtu le 24 septembre 1621, mort en 1644.
19 Epiphane du Mans, l, vêtu le 4 octobre 1621, à 17 ans.
20 Eustache de Bellesme, l, vêtu le 8 février 1626, mort en 1631.
21 Esprit de Tours, lecteur, p, vêtu en 1626, mort en 1652.
22 Emilien de Rennes, p, vêtu le 7 avril 1628, mort en 1642.
23 Epiphane d'Alençon, p, vêtu le 7 juin 1628, mort en 1642.
24 Eusèbe de Quimper, p, vêtu le 15 décembre 1628, à 23 ans, mort en 1666.
25 Emmanuel de Mayenne, c, vêtu le 26 may 1631, à 18 ans, mort en 1662.
26 Eusèbe de Lamballe, p, vêtu le 2 décembre 1631, à 17 ans, mort en 1659.
27 Eutrope de l'isle Bouin, l, vêtu le 22 juin 1633, mort en 1642.

28 Elzéar de Nantes, l, vêtu le 28 septembre 1633, à 23 ans.
29 Emmanuel de Tréguier, p, vêtu le 25 décembre 1633, à 19 ans.
30 Edmond de Châteaubriant, p, vêtu le 16 novembre 1634, à 22 ans.
31 Emilien de Vannes, p, vêtu le 25 mai 1635, à 26 ans.
32 Eugène d'Auray, p, vêtu le 12 juin 1637, à 18 ans.
33 Elisée de Lesneven, p, vêtu le 21 février 1639, à 21 ans, mort en 1662.
34 Estienne de Rennes, p, vêtu le 15 mars 1643, à 19 ans, mort en 1655.
35 Elzéar de Rennes, p, vêtu le 27 septembre 1643, à 18 ans.
36 Eutrope de Mamers, l, vêtu le 26 octobre 1643, à 25 ans.
37 Estienne de Nantes, l, vêtu le 2 aoust 1646, à 24 ans.
38 Eustache de Rennes, l, vêtu le 27 may 1647, à 24 ans.
39 Emilien de Quimperlé, l, vêtu le 31 mars 1650, à 24 ans.
40 Exupère de Rennes, p, vêtu le 1<sup>er</sup> may 1651, à 20 ans.
41 Elisée de Saint-Brieuc, p, vêtu le 18 may 1651, mort en 1662.
42 Esprit de Bécherel, c, vêtu le 14 may 1655.
43 Eugène de Lude, p, vêtu le 28 may 1656.
44 Esprit de Balon, c, vêtu le 4 juin 1656.
45 Eusèbe de La Châtre, c, vêtu le 5 juin 1656, à 18 ans, mort en 1667.
46 Estienne de Laval, l, vêtu le 19 juin 1656, mort en 1662.
47 Estienne de Saint-Brieuc, c, vêtu le 7 juin 1658.
48 Estienne de Rennes, c, vêtu le 27 décembre 1660.
49 Emilien de Mayenne, l, vêtu le 12 juillet 1661.

F

1 François de Nantes, p, vêtu le 4 juin 1608, mort en 1655.
2 Florent de Laval, p, vêtu le 17 novembre 1609, mort en 1631.
3 François de Rennes, p, vêtu le 12 aoust 1610, à 17 ans, mort en 1663.
4 Firmin de Gennes, l, vêtu le 3 septembre 1610, à 30 ans, mort en 1654.
5 François de Tréguier, p, vêtu le 3 juillet 1613, mort en 1665.
6 Fortuné de Nantes, p, vêtu le 18 octobre 1614, mort en 1642.
7 François-Marie de Morlaix, p, vêtu le 20 may 1615, mort en 1635.
8 Fiacre de Rennes, p, vêtu le 22 avril 1617, mort en 1658.
9 Fabien de Laval, p, vêtu le 26 octobre 1618, mort en en 1641.
10 Fabien de Nantes, p, vêtu le 24 octobre 1621, à 19 ans, mort en 1663.
11 Félicien de Rennes, p, vêtu le 8 juin 1625, mort en 1640.
12 Félix de Rennes, p, vêtu en 1626, mort en 1632.
13 Félix de Saint-Malo, l, vêtu le 13 octobre 1626, à 17 ans, mort en 1660.
14 Félix de Rennes, l, vêtu le 26 may 1630, mort en 1638.
15 François de Landerneau, p, vêtu le 4 octobre 1630, à 29 ans, mort en 1655.

16 Félix de Tréguier, l, vêtu le 4 décembre 1630, mort en 1637.
17 François-Marie de Rennes, p, vêtu le 15 aoust 1633, à 18 ans.
18 Florent de Mayenne, p, vêtu le 2 octobre 1633, à 26 ans.
19 François de Château-du-Loir, l, vêtu le 4 octobre 1633, à 20 ans.
20 Fortuné du Croisic, p, vêtu le 2 février 1634, à 22 ans, mort en 1658.
21 Fabien de Saint-Malo, p, vêtu le 31 juillet 1634, à 20 ans, mort en 1653.
22 Félicien de Clisson, l, vêtu le 8 juin 1635, à 29 ans.
23 François de Vannes, p, vêtu le 4 octobre 1635, à 24 ans.
24 Florent de Nantes, p, vêtu le 29 mars 1637, à 23 ans.
25 Florimond de Malestroit, p, vêtu le 22 novembre 1637, mort en 1653.
26 Fulgence de Lamballe, p, vêtu le 21 février 1638, à 17 ans, mort en 1662.
27 François-Marie de Moncontour, p, vêtu le 5 octobre 1638, à 21 ans, mort en 1665.
28 Fidèle de Morlaix, p, vêtu le 21 février 1639, à 20 ans.
29 François d'Hennebont, l, vêtu le 13 octobre 1642, à 24 ans.
30 Félix de Quimperlé, l, vêtu le 9 aoust 1643, à 22 ans, mort en 1654.
31 Félix de Saint-Brieuc, p, vêtu le 29 septembre 1644, à 24 ans, mort en 1659.
32 Félix de Nantes, p, vêtu le 2 juillet 1647, à 30 ans, mort en 1664.
33 Félicien de Mayenne, l, vêtu le 2 février 1648.
34 François de Lannion, p, vêtu le 2 may 1648.

35 Fabien de Rennes, p, vêtu le 13 septembre 1649.
36 François-Joseph de Saint-Malo, p, vêtu le 23 septembre 1649.
37 Florent de Saint-Brieuc, p, vêtu le 7 novembre 1649.
38 Fidèle de Loudun, p, vêtu le 13 janvier 1650, à 22 ans, mort en 1663.
39 François de Saint-Brieuc, p, vêtu le 29 juillet 1650.
40 François de Quimper, l, vêtu le 5 avril 1651.
41 François-Marie de Saint-Brieuc, p, vêtu le 18 may 1651.
42 François-Marie de Tréguier, p, vêtu le 23 juin 1652.
43 Fortuné de Rennes, p, vêtu le 9 février 1653, mort en 1666.
44 Félix de Nantes, l, vêtu le 11 février 1653, mort en 1559.
45 François de Lude, p, vêtu le 4 avril 1654.
46 Félix du Mans, l, vêtu le 7 aoust 1654.
47 Fulgence de Laval, p, vêtu le 15 aoust 1654.
48 Félix de Dinan, l, vêtu le 15 may 1656.
49 François de Crozon, c, vêtu le 21 juin 1656, mort en 1658.
50 François-Marie de Nantes, l, vêtu le 25 avril 1657.
51 François de Quimper, c, vêtu le 9 juillet 1657.
52 Fidèle de Châteauneuf, c, vêtu le 23 mars 1657.
53 Félix de Mayenne, c, vêtu le 25 aoust 1659.
54 François de Brest, c, vêtu le 29 mai 1661.
55 François de Guingamp, c, vêtu le 14 mars 1660.
56 François de Laval, c, vêtu le 2 avril 1660.
57 François de Saint-Renan, c, vêtu le 3 juillet 1661.
58 François-Marie de Quimper, c, vêtu le 6 décembre 1661.
59 François de Rennes, c, vêtu le 8 avril 1663.
60 François-Marie de Ploërmel, c, vêtu le 18 octobre 1662.

61 Félix de Malestroit, l, vêtu le 14 janvier 1663.
62 Félix de Quimperlé, l, vêtu le 20 janvier 1664.
63 Fortuné de Fougères, c, vêtu le 16 may 1664.
64 François-Marie de Saint-Malo, c, vêtu le 6 novembre 1664.

## G

1 Guy de Rennes, p, vêtu le 23 octobre 1605, mort en 1644.
2 Gabriel de Nantes, p, vêtu le 16 avril 1606, mort en 1645.
3 Guillaume de Dinan, p, *idem*, mort en 1650.
4 Grégoire de Nantes, p, vêtu le 10 mars 1610, mort en 1654.
5 Gabriel d'Ernée, p, vêtu le 4 septembre 1610, mort en 1641.
6 Gilles de Nantes, p, vêtu le 13 aoust 1611, mort en 1633.
7 Grégoire de Beaugé, p, vêtu le 8 may 1615, mort en 1660.
8 Gervais de Nantes, l, vêtu le 7 juin 1615, mort en 1647.
9 Germain de Rennes, l, vêtu le 26 juillet 1615, à 19 ans, mort en 1661.
10 Guillaume de Saint-Brieuc, l, vêtu le 9 octobre 1616, à 19 ans, mort en 1654.
11 Georges de Montauban, p, vêtu le 22 avril 1618, mort en 1632.
12 Grégoire d'Ernée, p, vêtu le 28 may 1618, mort en 1648.
13 Gervais de Mayenne, p, vêtu le 30 octobre 1618, mort en 1639.

14 Cosme de Fougères, p, vêtu le 5 octobre 1618, mort en 1642.
15 Grégoire de Clisson, p, vêtu le 14 mars 1622, mort en 1661.
16 Georges d'Hennebont, p, vêtu le 23 avril 1622, mort en 1642.
17 Georges de Combourg, p, vêtu le 21 avril 1625, à 23 ans.
18 Georges de Lassay, p, vêtu le 19 octobre 1625, mort en 1635.
19 Guy de Morlay, p, vêtu le 21 février 1626, à 26 ans, mort en 1663.
20 Gilles de Guérande, l, vêtu en 1627, mort en 1639.
21 Grégoire de Rennes, p, vêtu le 7 avril 1627, mort en 1642.
22 Gabriel d'Alençon, p, vêtu le 11 juillet 1627, mort en 1640.
23 Germain des Sables, p, vêtu le 12 may 1635, mort en 1656.
24 Gélase de Malestroit, p, vêtu le 18 avril 1638, à 20 ans.
25 Georges d'Hybernie, p, mort en 1649.
26 Gabriel-Ange du Faotiet, p, vêtu le 25 mars 1640, à 19 ans, mort en 1667.
27 Guillaume d'Auray, p, vêtu le 7 juin 1642, à 17 ans.
28 Gabriel de Séran, p, vêtu le 12 mars 1646.
29 Gilles de Saint-Malo, l, vêtu le 1ᵉʳ février 1647, à 19 ans.
30 Gabriel de Nantes, c, vêtu le 8 avril 1649, mort en 1657.
31 Gabriel de La Roche-Bernard, p, vêtu le 25 mars 1650, à 20 ans.
32 Gabriel de Messac, p, vêtu le 11 avril 1651.
33 Germain de Saint-Brieuc, l, vêtu le 1ᵉʳ may 1651.

34 Gilles de Mayenne, l, vêtu le 2 aoust 1651, à 16 ans.
35 Gabriel de Rennes, c, vêtu le 15 février 1655.
36 Guillaume de Saint-Pol, c, vêtu le 7 juillet 1655.
37 Grégoire de Rennes, 2ᵉ, c, vêtu le 9 janvier 1656.
38 Gilles de Vitré, c, vêtu le 21 may 1656, mort en 1662.
39 Gabriel de Morlaix, l, vêtu le 23 mars 1657.
40 Georges de Saint-Brieuc, c, vêtu le 24 avril 1659.
41 Gabriel de Nantes, c, vêtu le 8 avril 1659.
42 Guillaume de Saint-Brieuc, 2ᵉ, l, vêtu le 29 juillet 1655.
43 Gabriel-Ange de Lannion, l, vêtu le 30 may 1660.
44 Gabriel de Lamballe, c, vêtu le 24 mars 1660.
45 Gervais de Rennes, l, vêtu le 24 octobre 1665, à 18 ans.

## H

Henry IV, Roy de France, amy de l'Ordre, mort le 14 may 1610.
1 Honoré d'Argentan, l, vêtu le 2 avril 1602, mort en 1653.
2 Hérasme de Dinan, p, vêtu le 3 juillet 1610, mort en 1652.
3 Hylarion de Lassay, p, vêtu le 21 octobre 1610, mort en 1638.
4 Henry de Laval, p, vêtu le 2 février 1613, mort en 1637.
5 Hyacinthe de Saint-Jouan, p, vêtu le 2 juillet 1614, mort en 1647.
6 Hilaire de Lassay, p, vêtu le 28 septembre 1614, mort en 1655.
7 Hiérémie de Châteaubriant, p, vêtu le 25 février 1616, idem.

8 Hiérosme de Châteaubriant, p, vêtu le 20 février 1617, mort en 1647.
9 Hilaire de Domfront, p, vêtu le 1ᵉʳ mars 1618, mort en 1657.
10 Hiérosme de Mayenne, p, vêtu le 29 septembre 1621, mort en 1636.
11 Hyacinthe de Nantes, p, vêtu le 10 septembre 1623, mort en 1638.
12 Hugues d'Ancenis, p, vêtu le 8 may 1625, à 20 ans.
13 Honoré de Rennes, l, vêtu le 26 septembre 1626, mort en 1663.
14 Hiérosme de Morlaix, p, vêtu le 8 juin 1627, mort en 1641.
15 Hilaire de Nantes, p, vêtu le 1ᵉʳ janvier 1628.
16 Hiérosme de Loudéac, p, vêtu le 26 février 1628, mort en 1644.
17 Hyacinthe d'Ancenis, p, vêtu le 6 septembre 1628, à 19 ans.
18 Hylarion de Guémené, c, vêtu le 3 mars 1632, mort en 1639.
19 Hylarion de Pont-de-Gennes, p, vêtu le 25 novembre 1632, à 21 ans.
20 Hyacinthe de Morlaix, p, vêtu le 12 mars 1634, à 25 ans.
21 Hilaire de Josselin, p, vêtu le 13 janvier 1636, à 17 ans, mort en 1662.
22 Hyacinthe de Conneré, p, vêtu le 16 aoust 1636, mort en 1638.
23 Henry de Rennes, p, vêtu le 19 juillet 1637, à 16 ans.
24 Honoré de Rennes, p, vêtu le 1ᵉʳ may 1639.
25 Hylarion de Roscoff, l, vêtu le 21 avril 1640, à 38 ans, mort en 1658.
26 Hiérosme de Vannes, p, vêtu le 29 septembre 1644, à 27 ans.

27 Hyacinthe de Rennes, p, vêtu le 11 septembre 1644, à 26 ans, mort en 1660.
28 Henry-Louys de Fontenay, l, vêtu le 1ᵉʳ mars 1648, mort en 1668.
29 Hiérosme de Morlaix, 2ᵉ, p, vêtu le 27 septembre 1648.
30 Henry d'Auray, p, vêtu le 30 janvier 1650, à 19 ans.
31 Hiérosme de Rennes, p, vêtu le 25 mars 1650.
32 Henry de Saint-Brieuc, l, vêtu le 14 juillet 1650.
33 Hubert de Landerneau, p, vêtu le 15 aoust 1654.
34 Honoré de Saint-Renan, c, vêtu le 2 juillet 1656.
35 Hylarion de Saint-Malo, c, vêtu le 2 juillet 1656.
36 Hyacinthe de Quimperlé, c, vêtu le 16 juillet 1656.
37 Hyacinthe de Quimper, c, vêtu le 25 juillet 1656.
38 Hilaire de Rennes, p, vêtu le 3 avril 1657, à 16 ans.
39 Hippolite de Lamballe, c, vêtu le 13 aoust 1658.
40 Hyacinthe de Fougères, c, vêtu le 25 aoust 1658.
41 Henry de Dinan, c, vêtu le 14 juillet 1661.
42 Hiérosme de Quimper, c, vêtu le 2 octobre 1661.
43 Hilaire de Quimper, c, vêtu le 20 janvier 1664, à 17 ans.
44 Hilaire de Montaigu, c, vêtu le 12 janvier 1664, à 23 ans.
45 Hyacinthe de Saint-Renan, c, vêtu le 12 juin 1664.

J

Jésus-Christ, Père de l'Ordre, est né l'an du monde 3950.
1 Jean-Chrysostome d'Angers, p, vêtu le 20 janvier 1606, mort en 1638.

2 Joseph de Nantes, p, vêtu le 24 mars 1606, mort en 1655.
3 Illuminé de Malicorne, p, vêtu le 1er octobre 1607, mort en 1639.
4 Julien de Domfront, p, vêtu le 30 may 1612, mort en 1644.
5 Justin du Mans, p, vêtu le 18 juillet 1612, à 31 ans, mort en 1656.
6 Joseph de Vitré, p, vêtu le 3 juillet 1613, à 19 ans, mort en 1662.
7 Justin de Rennes, p, vêtu le 18 juillet 1614, à 25 ans, mort en 1663.
8 Justin de Mayenne, l, vêtu le 24 may 1615, mort en 1650.
9 Jean de Guérande, p, vêtu le 21 mars 1619.
10 Justin de Lesneven, p, vêtu le 8 décembre 1619, mort en 1663.
11 Justinien de Pont-de-Gennes, p, vêtu le 11 janvier 1620, mort en 1640.
12 Jacques du Mans, p, vêtu le 20 septembre 1620.
13 Jean-Baptiste de Château-du-Loir, p. vêtu le 4 octobre 1620, mort en 1650.
14 Justin de Châteaubriant, p, vêtu le 18 juillet 1621, à 16 ans, mort en 1654.
15 Joachim de Mayenne, p, vêtu le 21 novembre 1614, mort en 1650.
16 Justin de Rennes, l,...
17 Joseph de Morlaix, p, vêtu le 12 may 1622, à 16 ans, mort en 1661.
18 Justin de la Roche-Bernard, p, vêtu le 17 septembre 1623, à 22 ans.
19 Ignace du Mans, p, vêtu le 20 septembre 1623, à 22 ans.
20 Innocent de Quimper, p, vêtu le 18 juillet 1625, mort en 1641.

21 Jacques de Crozon, p, vêtu le 24 juillet 1625, à 17 ans.
22 Isidore de Nantes, p, vêtu le 16 janvier 1626, mort en 1643.
23 Junipère de Kimerch, l, vêtu le 1ᵉʳ may 1626.
24 Josaphat de Saint-Malo, p, vêtu le 2 septembre 1626, mort en 1648.
25 Isidore de Courtilliers, p, vêtu le 6 février 1627, à 25 ans, mort en 1653.
26 Jean-François de Lassay, p, vêtu le 4 octobre 1627, mort en 1641.
27 Joseph de Fresnay, p, vêtu le 23 octobre 1627, à 21 ans.
28 Jean-Chrysostome de Morlaix, p, vêtu le 28 janvier 1628, mort en 1655.
29 Jean-François de Bécherel, p, vêtu le 25 juillet 1628, à 19 ans.
30 Julien de Morlaix, p, vêtu le 8 janvier 1629, à 19 ans, mort en 1660.
31 Joachim de Nantes, p, vêtu le 30 mars 1629, à 20 ans.
32 Joseph de Guérande, p, vêtu le 15 aoust 1629, mort en 1645.
33 Jean-Marie d'Ernée, p, vêtu le 15 aoust 1630, à 19 ans.
34 Jean d'Ecosse, p, vêtu le 29 septembre 1631, à 19 ans, mort en 1661.
35 Jean-Baptiste des Sables, p, vêtu le 24 juin 1632, mort en 1659.
36 Julien de Vannes, l, vêtu le 7 aoust 1632, à 18 ans.
37 Jean-Baptiste de Morlaix, l, vêtu le 7 septembre 1632.
38 Joachim de Josselin, c, vêtu le 22 octobre 1633, mort en 1639.
39 Jean-Marie de Morlaix, p, vêtu le 5 mars 1634, mort en 1656.
40 Jean-Baptiste de Saint-Malo, p, vêtu le 24 juin 1634, à 19 ans.

41 Junipère de Rennes, p, vêtu le 11 octobre 1634, mort en 1648.
42 Justin de Rhedon, c, vêtu en aoust 1635, mort en 1642.
43 Jean-Baptiste de Messac, p, vêtu le 24 juin 1636, à 24 ans.
44 Joseph de Châteaulin, p, vêtu le 4 octobre 1834, à 27 ans.
45 Irénée de Moncontour, p, vêtu le 25 mars 1637, à 24 ans.
46 Joseph-Marie de Rennes, p, vêtu le 12 novembre 1639, à 22 ans, mort en 1659.
47 Jacques de Londres, l, vêtu le 19 mars 1642.
48 Ignace de Quimperlé, p, vêtu le 2 aoust 1642, à 22 ans.
49 Jean-Chrysostome de Quintin, p, vêtu le 15 mars 1643, à 18 ans, mort en 1659.
50 Jean-Marie de Beaugé, p, vêtu le 7 avril 1643.
51 Isidore de Vannes, l, vêtu le 5 février 1645, à 21 ans.
52 Justin de Saint-Pol, p, vêtu le 2 juillet 1642.
53 Jean-François de Saint-Malo, p, vêtu le 2 octobre 1646.
54 Illuminé de Nantes, p, vêtu le 11 novembre 1646, mort en 1653.
55 Ignace du Mans, p, vêtu le 14 janvier 1648.
56 Jean-Baptiste du Croisic, p, vêtu le 5 juillet 1648, mort en 1664.
57 Jacques de Rennes, l, vêtu le 14 mars 1649, mort en 1665.
58 Innocent du Croisic, p, vêtu le 8 avril 1649.
59 Jean de Rennes, p, vêtu le 23 septembre 1649, à 16 ans.
60 Illuminé de Rennes, p, vêtu le 10 décembre 1649, à 20 ans.
61 Jean-Chrysostome de Montfort, p, vêtu le 27 février 1650, à 20 ans.
62 Irénée de Saint-Brieuc, p, vêtu le 1er may 1650.

63 Jean-Baptiste de Rennes, p, vêtu le 15 may 1650, à 16 ans.
64 Joseph de Roscoff, p, *idem*, à 18 ans.
65 Joseph-François de Guingamp, p, vêtu le 28 juillet 1650, à 17 ans.
66 Joseph de Lamballe, p, vêtu le 14 may 1651.
67 Isidore de Rennes, p, *idem*, à 18 ans.
68 Joseph-François de Rennes, p, vêtu le 30 juillet 1651.
69 Joseph de Musillac, p, vêtu le 11 février 1652.
70 Joseph-Marie de Morlaix, p, vêtu le 17 janvier 1654.
71 Jacques de Quimper, p, vêtu le 24 décembre 1654.
72 Jean-François de Lassay, 2$^e$, p, vêtu le 15 février 1655.
73 Joseph-Marie de Josselin, c, vêtu le 16 may 1655.
74 Jean-François de Morlaix, p, vêtu le 6 juin 1655.
75 Jean-Baptiste de Quimperlé, p, vêtu le 24 juin 1655.
76 Joachim de Saint-Malo, l, vêtu le 22 mars 1656.
77 Julien du Mans, p, vêtu le 16 avril 1656.
78 Jean l'Evangéliste d'Auverné, p, vêtu le 21 may 1656.
79 Jean-Baptiste de Lesneven, c, vêtu le 2 juillet 1656.
80 Jacques de Lesneven, c, vêtu le 25 juillet 1656.
81 Jean-Marie de Quimper, c, vêtu le 15 aoust 1656.
82 Joachim de Dinan, l, vêtu le 3 avril 1657.
83 Joseph-François de Nantes, p, vêtu le 25 avril 1657.
84 Jean-François de Saint-Brieuc, c, vêtu le 26 may 1657.
85 Jean-Marie de Morlaix, 2$^e$, c, vêtu le 1$^{er}$ juillet 1657.
86 Jacques de Talmont, c, vêtu le 24 juillet 1657.
87 Jean de Nantes, clerc-novice, vêtu le 28 avril 1658, mort la même année.
88 Jean-François de Nantes, c, vêtu le 28 avril 1658, mort en 1659.
89 Joseph de Vannes, c, vêtu le 7 juin 1658.
90 Innocent de Montfort, c, vêtu le 30 juillet 1658.
91 Ignace de Saint-Brieuc, c, vêtu le 12 décembre 1658.

92 Joseph de Saint-Brieuc, c, vêtu le 24 avril 1659.
93 Joseph de Fougères, c, vêtu le 23 may 1660.
94 Joseph-Marie de Vitré, c, vêtu le 1ᵉʳ aoust 1660.
95 Innocent de Bouloire, p, vêtu le 30 juillet 1658.
96 Ignace de Quimperlé, 2ᵉ, c, vêtu le 6 may 1660.
97 Joseph de Lannion, l, vêtu le 25 avril 1660.
98 Jacques de Lannion, l, vêtu le 30 avril 1662.
99 Joseph de Rosporden, c, vêtu le 11 février 1663.
100 Jean l'Evangéliste de Landerneau, c, vêtu le 6 may 1663.
101 Jean-Marie de Guingamp, c, vêtu le 4 aoust 1663.
102 Jean-Chrysostome de Landerneau, c, vêtu le 12 février 1664, à 17 ans.
103 Ignace de Saint-Malo, c, vêtu le 25 février 1664.
104 Joseph de Brest, c, vêtu le 9 avril 1664.
105 Jean-Baptiste de Dinan, c, vêtu le 11 juillet 1664, à 23 ans.
106 Jean-Baptiste de Châteaubriant, c, vêtu le 29 juin 1664, à 24 ans.
107 Jean-François du Conquet, c, vêtu le 4 octobre 1664.
108 Isidore de Ploërmel, c, vêtu le 24 octobre 1664, à 25 ans.

## L

1 Lambert de Nantes, l, vêtu le 17 juin 1602, mort en 1633.
2 Luc de Saint-Malo, l, vêtu le 4 juin 1606, mort en 1636.
3 Louis de Savigny, p, vêtu le 7 juillet 1607, mort en 1633.
4 Laurent du Mans, p, vêtu le 29 aoust 1609, mort en 1637.

5 Louys de Morlaix, l, vêtu le 4 octobre 1609, mort en 1631.
6 Louys de Laval, p, vêtu le 25 avril 1611, mort en 1631.
7 Léonard de Kérien, p, vêtu en 1611, mort en 1633.
8 Léon de Vannes, p, vêtu le 13 octobre 1613, mort en 1640.
9 Louys de Nantes, p, vêtu le 12 novembre 1615, à 22 ans, mort en 1661.
10 Louys-François de Rennes, p, vêtu le 5 juin 1615, mort en 1641.
11 Louys de Guérande, p, vêtu le 20 février 1617, à 18 ans, mort en 1653.
12 Laurent de Dol, l, vêtu le 9 février 1618, mort en 1637.
13 Lucilien de Vitré, p, vêtu le 3 juin 1618, mort en 1650.
14 Léon de Nantes, l, vêtu le 13 octobre 1618, mort en 1663.
15 Léonard du Mans, p, vêtu le 18 avril 1621, mort en 1646.
16 Léonard de Rennes, p, vêtu le 15 février 1622, mort en 1660.
17 Léobin de Quintin, l, vêtu le 9 avril 1622, mort en 1638.
18 Laurent de Nantes, p, vêtu le 18 octobre 1623, à 19 ans.
19 Léon de Saint-Brieuc, p, vêtu le 12 mars 1624, mort en 1650.
20 Léon de Morlaix, p, vêtu le 9 avril 1626, à 20 ans.
21 Laurent de Morlaix, p, vêtu le 10 aoust 1626, à 21 ans, mort en 1651.
22 Louys de Fresnay, p, vêtu le 3 février 1627, mort en 1636.

23 Louys-François de Savigny, 2ᵉ, p, vêtu le 11 juin 1628, à 17 ans.
24 Lucien d'Auray, l, vêtu le 2 décembre 1628, à 20 ans, mort en 1653.
25 Laurent de Montaigu, p, vêtu le 12 aoust 1633, mort en 1661.
26 Louys de Morlaix, 2ᵉ, l, vêtu le 24 septembre 1634, à 18 ans.
27 Luc d'Hennebont, p, vêtu le 23 mars 1639, à 19 ans.
28 Léobin du Mans, l, vêtu le 12 janvier 1640, à 24 ans.
29 Léandre de Vannes, l, vêtu le 16 janvier 1640, mort en 1650.
30 Louys-François de Rennes, 2ᵉ, p, vêtu le 13 octobre 1641, à 17 ans, mort en 1659.
31 Léon de Josselin, c, *idem*, mort en 1648.
32 Léonard de Lannion, p, vêtu le 6 novembre 1641, à 19 ans.
33 Léonard de Rennes, l, vêtu le 6 novembre 1644, à 24 ans.
34 Lucien de Châteaugontier, l, vêtu le 12 janvier 1646, mort en 1658.
35 Laurent des Sables, p, vêtu le 2 mars 1646.
36 Laurent de Quimper, p, vêtu le 25 avril 1647, mort en 1661.
37 Léon de Vannes, p, vêtu le 4 juin 1649.
38 Louys de Vieillevigne, p, vêtu le 21 avril 1651.
39 Lazare de Nantes, l, vêtu le 17 janvier 1654, à 20 ans.
40 Léon de Rennes, p, vêtu le 11 avril 1655.
41 Louys-François de Saint-Brieuc, c, vêtu le 16 may 1655.
42 Léon de Locminé, l, vêtu le 8 octobre 1655.
43 Luc de Rennes, l, vêtu le 6 novembre 1655.
44 Lazare de Lannion, c, vêtu le 22 juillet 1656.
45 Léon de Saint-Brieuc, 2ᵉ, c, *idem*.

46 Lambert de Châteaugontier, l, vêtu le 16 novembre 1657.
47 Louys de Crozon, l, vêtu le 15 février 1657.
48 Louys de Châteauneuf, c, vêtu le 10 novembre 1654.
49 Louys de Beaugé, c, vêtu le 17 septembre 1654.
50 Léon de Rennes, c, vêtu le 11 avril 1655.
51 Léonard de Quimper, c, vêtu le 5 novembre 1657.
52 Laurent de Fougères, c, vêtu le 12 aoust 1657.
53 Louys de Tréguier, c, vêtu le 6 may 1660.
54 Louys de Tiffauges, c, vêtu le 10 novembre 1659.
55 Léon de Rennes, l, vêtu le 13 octobre 1659.
56 Laurent de Rennes, c, vêtu le 5 aoust 1664, à 20 ans.

## M

1 Maximin d'Avignon, l, vêtu le 16 décembre 1601, mort en 1638.
2 Modeste de Mayenne, p', vêtu le 15 juin 1606, mort en 1657.
3 Marius de Saint-Brieuc, p, vêtu le 15 aoust 1607, mort en 1639.
4 Michel de Mayenne, p, vêtu le 7 juin 1609, à 20 ans, mort en 1659.
5 Mathurin du Mans, c, vêtu le 19 octobre 1611, mort en 1630.
6 Melaine de Rennes, p, vêtu le 25 janvier 1615, à 22 ans, mort en 1656.
7 Mathias du Mans, p, vêtu le 4 octobre 1615, mort en 1646.
8 Mélite de Châteaugiron, p', vêtu le 9 avril 1616, mort en 1663.

9 Maurice de Saint-Brieuc, p', vêtu le 31 avril 1617, mort en 1644.
10 Modeste de Roscoff, p', vêtu le 23 juin 1618, mort en 1650.
11 Michel de Rennes, p, vêtu le 8 octobre 1618, mort en 1663.
12 Michel-Ange de Nantes, p', vêtu le 2 avril 1621, mort en 1664.
13 Mensuet de Nantes, l, vêtu le 12 septembre 1621, mort en 1662.
14 Macé de Saint-Malo, l, vêtu le 17 may 1622, à 25 ans.
15 Mathieu de Nantes, c, vêtu le 20 septembre 1622, mort en 1630.
16 Michel de Guingamp, p, vêtu le 30 septembre 1622.
17 Mathieu de Mayenne, p', vêtu le 15 aoust 1624, mort en 1651.
18 Maximin de Rennes, l, vêtu le 14 octobre 1624, à 23 ans, mort en 1655.
19 Marcellin de Montluçon, c, vêtu le 18 janvier 1625, mort en 1629.
20 Marc de Saint-Brieuc, l, vêtu le 28 avril 1625, à 20 ans, mort en 1659.
21 Mathieu d'Hybernie, p', mort en 1655.
22 Macaire de Dinan, l, vêtu le 22 avril 1626, mort en 1629.
23 Martin de Vannes, l, vêtu le 11 novembre 1626, mort en 1629. (1)
24 Mathieu de Quimper, p, vêtu le 24 aoust 1627, mort en 1646.

(1) Je trouve ici la note suivante : « Michel de Bellême, frère du P. Balthazar, chartreux, prit l'habit en 1627, à 21 ans et mourut en 1657.

25 Maximin de Saint-Pol, l, 7 avril 1628, à 23 ans, mort en 1658.
26 Michel de Fresnay, p, vêtu le 25 février 1629, mort en 1643.
27 Modeste de Saint-Brieuc, l, vêtu le 26 mars 1631, à 21 ans.
28 Modeste du Mans, p', vêtu le 31 juillet 1633.
29 Michel du Mans, p, vêtu le 29 septembre 1633.
30 Mathieu de Morlaix, l, vêtu le 21 septembre 1634, à 19 ans.
31 Michel-Ange du Mans, p', vêtu le 29 septembre 1634, mort en 1663.
32 Macé de Guérande, l, vêtu le 11 may 1635, à 20 ans.
33 Maximin de Saint-Brieuc, l, vêtu le 1ᵉʳ novembre 1635, à 18 ans.
34 Marien de Rennes, p', vêtu le 25 mars 1637, à 20 ans.
35 Macaire de Montcontour, p', vêtu le 11 avril 1638, mort en 1654.
36 Michel-Ange de Saint-Malo, p', vêtu le 2 mai 1638, mort en 1654.
37 Martial de Josselin, p', vêtu le 21 avril 1640, à 20 ans.
38 Melchior de Nantes, l, vêtu le 3 mars 1641, à 23 ans.
39 Mathias de Redon, p', vêtu le 28 avril 1641, à 19 ans, mort en 1654.
40 Martial d'Auray, p', vêtu le 13 octobre 1641, à 18 ans.
41 Mansuet de Rouen, l, vêtu le 6 septembre 1644.
42 Maurice de Vannes, l, vêtu le 29 septembre 1644, à 22 ans, mort en 1658.
43 Marc de Janzé, p, vêtu le 26 avril 1645, à 24 ans.
44 Marcellin de Vilaine, p, *idem*, à 21 ans.
45 Michel de Quimper, p', vêtu le 29 septembre 1646, à 20 ans.

46 Maurice de Rennes, p, vêtu le 14 juillet 1647, mort en 1664.
47 Mathurin de Domfront, p, vêtu le 2 goust 1647.
48 Marin de Rennes, l, vêtu le 6 décembre 1647.
49 Marc d'Argenton, l, vêtu le 11 avril 1648.
50 Martinien de Saint-Brieuc, p, vêtu le 17 janvier 1649.
51 Marc de Crozon, p, vêtu le 21 avril 1649.
52 Michel de Lannion, l, vêtu le 8 may 1649, à 21 ans, mort en 1653.
53 Michel-Ange de Roscoff, p, vêtu le 25 mars 1650, à 18 ans, mort en 1659.
54 Michel de Saint-Brieuc, c, vêtu le 18 may 1651, mort en 1656.
55 Modeste de Lamballe, p, vêtu le 5 novembre 1651.
56 Melchior de Rennes, p, vêtu le 12 janvier 1652.
57 Macaire de Nantes, c, vêtu le 10 aoust 1655.
58 Michel-Ange de Lannion, c, vêtu le 14 janvier 1656.
59 Modeste de Karhais, c, vêtu le 13 may 1656.
60 Michel de Rennes, l, vêtu le 10 septembre 1656.
61 Melaine de Redon, c, vêtu le 7 septembre 1656.
62 Marien de Landerneau, c, *idem*.
63 Martin de Châteaulin, c, vêtu le 12 novembre 1656.
64 Martin d'Ancenis, c, vêtu le 16 septembre 1656.
65 Macaire de Guémené, c, vêtu le 4 septembre 1657.
66 Michel de Châteauneuf, c, vêtu le 29 septembre 1657.
67 Marien de Laval, c, vêtu le 7 juillet 1659.
68 Martin de Nantes, c, vêtu le 11 novembre 1659.
69 Max de Nantes, l, vêtu le 18 juin 1655.
70 Modeste de Crozon, l, vêtu le 15 juin 1649.
71 Martinien d'Audierne, l, vêtu le 3 juillet 1661.
72 Modeste de Nantes, l, vêtu le 24 février 1662.
73 Martinien d'Audierne.
74 Maximin de Rennes, l, vêtu le 26 novembre 1662.
75 Michel de Lamballe, l, vêtu le 21 mars 1663.

## N

1 Noël de Clisson, l, vêtu le 22 novembre 1607, mort en 1650.
2 Nathanaël d'Oixent, p', vêtu le 11 octobre 1609, à 35 ans, mort en 1652.
3 Nicolas de Saint-Brieuc, l, vêtu le 30 septembre 1612, mort en 1633.
4 Nicolas de Nantes, l, vêtu le 14 octobre 1618, mort en 1638.
5 Nicolas de Nantes, p, vêtu le 5 juin 1613, mort en 1658.
6 Norbert de Morlaix, p', vêtu le 30 mars 1617, 24 ans, mort en 1655.
7 Nicolas du Mans, l, vêtu le 12 septembre 1621, mort en 1641.
8 Nicolas de Montoir, p, vêtu le 5 décembre 1625, mort en 1666.
9 Nathanaël de Quintin, p, vêtu le 2 mars 1635, à 25 ans.
10 Narcisse de Rennes, p', vêtu le 11 avril 1638, à 21 ans, mort en 1662.
11 Nicéphore de Josselin, p', vêtu le 11 avril 1638, à 20 ans.
12 Nicéphore de Rennes, l, vêtu le 9 février 1651.
13 Nicolas d'Auray, p, vêtu le 9 avril 1653, à 20 ans.
14 Norbert de Conneré, p, vêtu le 6 juin 1655, à 18 ans, mort en 1664.
15 Norbert de Guémené, c, *idem*, mort en 1659.
16 Nicéphore de Rennes, c, vêtu le 8 mars 1657.
17 Norbert de Vannes, c, vêtu le 6 juin 1658.
18 Nicolas de Rennes, c, vêtu le 5 décembre 1658.

19 Nicolas de Guer, l, vêtu le 7 décembre 1664, à 26 ans.

O

1 Onoffre de Laval, l, vêtu le 6 juin 1625, à 20 ans.
2 Ollivier de Rennes, p', vêtu le 16 janvier 1639, à 18 ans.

P

1 Pascal de Morlaix, p', vêtu le 15 avril 1601, à 17 ans, mort en 1639.
2 Protais de Rennes, p', vêtu le 30 septembre 1611, à 19 ans, mort en 1639.
3 Philippe d'Esmaillé, l, vêtu le 27 aoust 1612, à 20 ans.
4 Protais de Meillac, p, vêtu le 13 octobre 1613, à 22 ans, mort en 1658.
5 Paraclet de Nantes, p, vêtu le 9 may 1615, mort en 1649.
6 Pierre de Beaumont, p, vêtu le 4 octobre 1615, à 27 ans, mort en 1660. Né le jour de Saint-Mathieu, en 1588.
7 Philémond de Saint-Benoit, p', vêtu le 19 octobre 1616, mort en 1636.
8 Paul de Laval, p, vêtu le 25 janvier 1617, mort en 1631.
9 Paulin de Provence, p', vêtu le 23 juin 1617, mort en 1639.
10 Philippe de Rennes, p, vêtu le 6 octobre 1617, mort en 1642.
11 Paul de Clisson, l, vêtu le 29 janvier 1619, mort en 1642.
12 Polycarpe de Sept Forges, p', vêtu le 13 septembre 1620, à 26 ans, mort en 1651.

13 Philippe d'Hennebont, p', vêtu le 20 septembre 1620.
14 Pierre de Guingamp, p', vêtu le 18 juillet 1621, à 21 ans.
15 Pierre de Nantes, l, vêtu le 17 septembre 1622, mort en 1629.
16 Pierre de Clisson, l, vêtu le 5 mars 1624, à 30 ans.
17 Philippe de Saint-Brieuc, p', vêtu le 15 aoust 1624.
18 Placide de Pontoise, p', vêtu le 12 octobre 1625, à 26 ans, mort en 1661.
19 Polycarpe d'Auray, p', vêtu le 14 may 1627, à 17 ans, mort en 1652.
20 Polycarpe de Quimper, p, vêtu le 9 avril 1629, mort en 1650.
21 Pierre de Morlaix, l, vêtu le 6 juillet 1629, à 20 ans, mort en 1666.
22 Philippe de Carhais, p', vêtu le 1ᵉʳ may 1637, à 21 ans, mort en 1653.
23 Polycarpe de Clisson, p, vêtu le 26 juillet 1632, mort en 1647.
24 Paul d'Hybernie, p', vêtu le 2 octobre 1633, à 25 ans, mort en 1651.
25 Paul de Beaumont, p', vêtu le 31 juillet 1634, à 21 ans, mort en 1667.
26 Polycarpe de Saint-Pol, p', vêtu le 8 mars 1636, mort en 1648.
27 Pacifique de Guingamp, p', vêtu le 13 avril 1636, à 18 ans.
28 Philippe de Lannion, l, vêtu le 3 juin 1636, à 25 ans.
29 Prosper de Rennes, p', vêtu le 2 février 1638, à 20 ans, mort en 1661.
30 Philbert de Guérande, p', vêtu le 9 mars 1638, à 20 ans, mort en 1659.
31 Placide de Laval, l, vêtu le 8 novembre 1638, à 23 ans.

32 Patrice de Quimper, l, vêtu le 12 may 1640, à 25 ans.
33 Pascal de Meung, p', vêtu le 10 octobre 1640.
34 Pierre de Moncontour, p, vêtu le 13 janvier 1642, mort en 1649.
35 Paul de Sédan, p', vêtu le 24 juin 1642, à 18 ans.
36 Paul-Marie de Saint-Pol, p', vêtu le 5 mars 1644, à 24 ans.
37 Pacifique de Roscoff, l, vêtu le 29 septembre 1644, à 21 ans, mort en 1661.
38 Pierre de Pont-Scorff, l, vêtu le 27 avril 1645.
39 Pierre de Nantes, 2ᵉ, l, vêtu le 5 juillet 1648.
40 Paul de Nantes, l, *idem*.
41 Paulin de Nantes, p, vêtu le 8 avril 1649.
42 Pascal de Rennes, p, vêtu le 23 septembre 1649.
43 Pacifique de Rennes, p, vêtu le 10 décembre 1649, à 21 ans.
44 Paul de Saint-Brieuc, p', vêtu le 30 janvier 1650, à 21 ans.
45 Pierre-Baptiste de Bécherel, p, vêtu le 28 février 1651.
46 Polycarpe de Saint-Malo, p, vêtu le 28 janvier 1628.
47 Paul-François de Rennes, l, vêtu le 3 novembre 1651.
48 Pascal de Pontivy, c, vêtu le 17 may 1653, à 20 ans, mort en 1658.
49 Polycarpe de Saint-Méen, p, vêtu le 25 janvier 1654.
50 Paul de Rennes, ou Saint-Malo, c, vêtu le 6 juin 1655.
51 Pierre de Mayenne, l, vêtu le 4 octobre 1658.
52 Polycarpe de Messac, c, vêtu le 29 juillet 1657.
53 Philippe de Rennes, 2ᵉ, c, vêtu le 28 avril 1658.
54 Pacifique d'Hybernie.
55 Pascal du Mans, l, vêtu le 16 may 1660.
56 Paulin de Lannion, l, vêtu le 11 juillet 1650, à 22 ans, mort en 1662.
57 Pierre de Châteaulin, c, vêtu le 1ᵉʳ juillet 1656.

58 Pierre de Châteauneuf, c, *idem*.
59 Pascal de Lannion, c, vêtu le 6 may 1660.
60 Protais de Rennes, 2°, c, vêtu le 6 décembre 1661, mort en 1663.
61 Paulin de Rennes, c, vêtu le 22 juin 1662.
62 Pierre d'Hennebont.
63 Paul de Morlaix, l, vêtu le 6 novembre 1664.

R

1 Raphaël d'Orléans, p', vêtu le 6 février 1577, mort en 1628. C'est le grand-père des deux provinces de Touraine et Bretagne, qui fut élu provincial, à la division de Paris, le 24 janvier 1610. Ce R. P. est mort et enterré au Mans.
2 Raphël de Mayenne, p, vêtu le 7 juin 1609, à 21 ans, mort en 1630.
3 Raphaël d'Argentan, l, vêtu le 23 septembre 1609, mort en 1642.
4 Raphaël de Moncontour, p, vêtu le 13 aoust 1611, à 17 ans, mort en 1655.
5 Raphaël de Nantes, p', vêtu le 7 aoust 1612, à 18 ans, mort en 1652.
6 Remy de Rennes, l, vêtu le 29 septembre 1613, à 22 ans, mort en 1660.
7 Renaud de Beaugé, l, vêtu le 14 avril 1615, à 25 ans, mort en 1658.
8 Raymond de Rennes, l, vêtu le 17 mars en 1616, mort en 1647.
9 Rogatien de Nantes, c, vêtu le 14 avril 1616, mort en 1650.
10 René de Mézillac, p, vêtu le 9 may 1616.

11 Raphaël de Châteaugiron, p, vêtu le 1ᵉʳ juin 1617, mort en 1637.
12 René de Saint-Pol, pʳ, vêtu le 4 octobre 1619, à 20 ans.
13 Romuald de Laval, pʳ, vêtu le 20 février 1618, mort en 1630.
14 Rémy de Nantes, l, vêtu le 1ᵉʳ octobre 1620.
15 Romain de Saint-Brieuc, pʳ, vêtu le 28 avril 1624, à 19 ans, mort en 1663.
16 René de Nantes, pʳ, vêtu le 10 mars 1624, à 19 ans, mort en 1656.
17 Romain de Nantes, p, vêtu le 20 octobre 1624, à 17 ans.
18 Robert de Domfront, p, vêtu le 15 octobre 1625, mort en 1661.
19 Romain de Carhais, p, vêtu le 10 aoust 1626, mort en 1637.
20 René de Châteaubriant, l, vêtu le 2 février 1630, mort en 1644.
21 Raphaël de Saint-Brieuc, pʳ, vêtu le 24 juillet 1630, à 18 ans, mort en 1662.
22 Robert de Nantes, l, vêtu le 4 octobre 1619, à 28 ans, mort en 1665.
23 Raphaël de Landerneau, p, vêtu le 3 juin 1635, à 19 ans.
24 Roch de Fougères, p, vêtu le 15 aoust 1638, à 21 ans.
25 Rodolphe de Landerneau, l, vêtu le 14 octobre 1641, à 27 ans.
26 Rogatien de Vannes, l, vêtu le 24 may 1655.
27 Remy de Reims, l, vêtu le 6 novembre 1655.
28 Raymond d'Audierne, l, vêtu le 3 décembre 1655.
29 Romuald de Châteaulin, p, vêtu le 17 septembre 1656.
30 Raphaël de Nantes, 2ᵉ, c, vêtu le 22 may 1657.
31 René de Vannes, c, vêtu le 6 juin 1657.

32 Roch de Roscoff, l, vêtu le 14 aoust 1657.
33 Raphaël de Rennes, c, vêtu le 28 février 1659.
34 Romain de Saint-Pol, c, vêtu le 15 may 1660, mort en 1662.
35 Robert de Saint-Brieuc, c, vêtu le 7 juin 1662.
36 René-François de Crozon, c, vêtu le 4 octobre 1664.

S

1 Sylvestre de Bécherel, p', vêtu le 15 aoust 1612, à 17 ans, mort en 1660.
2 Samuël de Nantes, p, vêtu le 16 mars 1631, mort en 1639.
3 Séverin de Morlaix, p', vêtu le 3 novembre 1613, à 16 ans, mort en 1638.
4 Siméon de Fougerolles, l, vêtu le 8 may 1610, mort en 1663.
5 Sébastien de Rennes, l, vêtu le 5 mars 1618, mort en 1656.
6 Sébastien de Châteaugontier, p', vêtu le 19 janvier 1619, à 22 ans, mort en 1660.
7 Siméon du Mans, p, vêtu le 20 aoust 1619, à 20 ans, mort en 1657.
8 Simplicien de Nantes, l, vêtu le 4 octobre 1619, à 19 ans, mort en 1658.
9 Sylvestre de Rennes, p, vêtu en 1619, mort en 1632.
10 Simon de Saint-Hilaire, l, vêtu le 14 juin 1621, mort en 1667.
11 Samuël de Campbon, p, vêtu le 12 septembre 1621, mort 1638.
12 Séverin de Balon, p, vêtu le 11 novembre 1622, mort en 1661.

13 Siméon de Fougères, p, vêtu le 1er février 1625, mort en 1637.
14 Siméon de Nantes, p, vêtu le 8 avril 1621.
15 Siméon de Vannes, p', vêtu le 1er février 1625, mort en 1650.
16 Séraphin de Châteaugontier, c, vêtu en 1627, mort en 1631.
17 Samuël de Concarneau, p', vêtu le 1er janvier 1630, à 19 ans, mort en 1653.
18 Séraphin de Rennes, p', vêtu le 18 décembre 1633, à 17 ans, mort en 1655.
19 Siméon de Saint-Malo, p', vêtu le 13 avril 1636, à 16 ans.
20 Séverin de Vitré, p', vêtu le 25 mars 1637, à 18 ans.
21 Sérapion de Quintin, l, idem, idem.
22 Symphorien de Saint-Brieuc, l, vêtu le 21 décembre 1638, à 27 ans, mort en 1659.
23 Séraphique du Croisic, p, vêtu le 8 juillet 1640, à 23 ans.
24 Samuel de Rennes, l, vêtu le 13 octobre 1641, à 20 ans, mort en 1662.
25 Séraphin de Tréguier, p', vêtu le 7 avril 1643, à 17 ans.
26 Saturnin de Douarnenez, p, vêtu le 15 février 1644, à 23 ans, mort en 1654.
27 Sulpice de Rennes, l, vêtu le 28 janvier 1646, mort en 1663.
28 Séraphique de Rennes, l, vêtu le 12 janvier 1647, à 22 ans, mort en 1666.
29 Samuël de Campbon, p, vêtu le 17 avril 1649.
30 Siméon de Rennes, p, vêtu le 21 avril 1650.
31 Séraphin de Vannes, p, vêtu le 6 octobre 1652.
32 Symphorien de Pleyber, c, vêtu le 8 novembre 1654.
33 Siméon de Messac, c, vêtu le 29 juillet 1655.

34 Sérapion de Moncontour, l, vêtu le 6 novembre 1655.
35 Sébastien de Carhais, c, vêtu le 14 janvier 1657, mort en 1659.
36 Séraphin de Saint-Brieuc, c, vêtu le 26 may 1657.
37 Symphorien de Rennes, c, vêtu le 8 novembre 1657.
38 Séraphin de Rennes, 2°, c, vêtu le 4 avril 1658.
39 Séraphin de Quimperlé, c, vêtu le 11 juillet 1658.
40 Sylvestre de Guingamp, c, vêtu le 25 juillet 1658.
41 Sébastien de Rennes, c, vêtu le 21 janvier 1659.
42 Saturnin de Saint-Malo, l, vêtu le 11 février 1659.
43 Séraphin de Nantes, c, vêtu le 8 juin 1659.
44 Samuel de Nantes, c, vêtu le 12 octobre 1659.
45 Séraphique de Lesneven, c, vêtu le 16 décembre 1660.
46 Sylvestre d'Audierne, p, vêtu le 12 janvier 1661, mort en 1664.
47 Sébastien de Carhais, c, vêtu le 23 may 1663.

### T

1 Théophile de Quimper, p', vêtu le 24 septembre 1605, mort en 1633.
2 Théophile d'Ernée, p', vêtu le 4 décembre 1610, mort en 1650.
3 Théodore de Rennes, p', vêtu le 4 may 1615, à 25 ans, mort en 1656.
4 Tyburce de Vitré, p, vêtu le 14 aoust 1617, à 20 ans, mort en 1658.
5 Théophile de Vannes, p', vêtu le 12 juin 1621, mort en 1637.
6 Théodore du Mans, l, vêtu le 2 avril 1622.
7 Timothée de Mayenne, p, vêtu le 23 aoust 1624, à 28 ans.

8 Thomas de Saint-Pol, p', vêtu le 24 aoust 1627.
9 Toussaint de Landerneau, l, vêtu le 5 novembre 1627.
10 Thadée de Vannes, p', vêtu le 8 janvier 1630, à 21 ans.
11 Timothée de Locminé, p', vêtu le 12 février 1634, à 19 ans.
12 Tiburce de Braspars, p', vêtu le 16 aoust 1634, à 20 ans, mort en 1662.
13 Théophile de Rennes, p', vêtu le 8 décembre 1634, à 20 ans.
14 Thomas de Redon, p', vêtu le 9 mars 1635, à 20 ans.
15 Tranquille de Rennes, p, vêtu le 21 décembre 1638, à 17 ans, mort en 1662.
16 Thomas de Montfort, p', vêtu le 5 décembre 1642, à 23 ans.
17 Théophane de Vannes, p, vêtu le 4 novembre 1646.
18 Théophile de Ploërmel, p, vêtu le 21 may 1648.
19 Théotime de Guingamp, l, vêtu le 24 octobre 1650.
20 Timothée de Morlaix, p, vêtu le 24 mars 1651, mort en 1666.
21 Théodore de Montlevrier, l, vêtu le 8 novembre 1656.
22 Timothée de Châteauneuf, c, vêtu le 21 may 1656.
23 Théodore de Lucé, c, vêtu le 4 juillet 1656.
24 Toussaint de Landerneau, 2°, p, vêtu le 16 aoust 1656.
25 Théodore de Carhais, c, vêtu le 10 janvier 1659.
26 Timothée de Saint-Malo, c, vêtu le 12 juin 1659.
27 Théodore de la Trinité, l, vêtu le 5 may 1662.
28 Tiburce de Mayenne, c, vêtu le 11 février 1663.
29 Théodore de Rosporden, l, vêtu le 14 janvier 1663.
30 Timothée de Carhais, c, vêtu le 20 janvier 1664, à 15 ans, 3 mois.
31 Thomas de Dinan, c, vêtu le 2 mars 1664.

## V

1. Valentin de Mayenne, p', vêtu le 9 juin 1610, mort en 1652.
2. Valentin de Cathais, p', vêtu le 14 février 1612, mort en 1642.
3. Urbain de Saint-Denys, p', vêtu le 30 aoust 1617, mort en 1643.
4. Vincent de Vannes, l, vêtu en 1620, mort en 1632.
5. Victor de Saint-Brieuc, p', vêtu le 6 novembre 1621.
6. Vincent de Rennes, l, vêtu le 24 janvier 1625, mort en 1645.
7. Urbain de Rennes, l, vêtu le 6 juin 1626, mort en 1653.
8. Urbain de Lassay, p, vêtu le 21 novembre 1626, à 22 ans.
9. Venance de Saint-Brieuc, p, vêtu le 1er avril 1627, à 34 ans, mort en 1655.
10. Valentin de Morlaix, p', vêtu le 3 may 1628, mort en 1641.
11. Victor de Nantes, p, vêtu le 17 avril 1630, à 18 ans.
12. Victor de Rennes, l, vêtu le 24 juillet 1631, à 20 ans.
13. Victorin de Valognes, p', vêtu le 11 janvier 1632.
14. Vincent de Vannes, p', vêtu le 17 may 1635, à 17 ans, mort en 1661.
15. Uriel de Montcontour, l, vêtu le 16 janvier 1638, à 20 ans.
16. Vincent de Châteaugontier, p', vêtu le 7 avril 1644, à 24 ans.
17. Victorin de la Roche-Bernard, p, vêtu le 2 novembre 1643.
18. Urbain de Saint-Brieuc, p', vêtu le 24 may 1644.

19 Vincent de Rochefort, p', vêtu le 17 janvier 1649.
20 Victor de la Trinité, p', vêtu le 29 mars 1649, à 19 ans.
21 Victor de Quimper, p, vêtu le 14 may 1650, à 19 ans.
22 Valentin de Saint-Brieuc, p, vêtu le 25 mars 1650.
23 Vincent de Saint-Brieuc, p, vêtu le 13 novembre 1650, à 18 ans.
24 Valérien de Ploërmel, p, vêtu le 9 novembre 1653.
25 Urbain de Lucé, c, vêtu le 25 may 1656.
26 Vincent d'Audierne, c, vêtu le 21 juin 1656.
27 Valentin de Pornic, p, vêtu le 3 avril 1657.
28 Victor de Guingamp, c, vêtu le 29 juillet 1657.
29 Uriel de Laval, l, vêtu le 7 juin 1658.
30 Victorin de Rennes, c, vêtu le 25 août 1649.
31 Vincent de Pont-Scorff, c, vêtu le 22 janvier 1660.
32 Urbain de Locminé, c, vêtu le 24 may 1661.
33 Victor de Guérande, c, vêtu le 24 juillet 1661.

## X

1 Xiste de Rennes, p, vêtu le 7 mars 1648.

## Y

1 Yves de Nantes, p, vêtu le 21 février 1610, mort en 1647.
2 Yves de Morlaix, p', vêtu le 21 juin 1610, mort en 1636.
3 Yves d'Ernée, p, vêtu en 1619, mort en 1631.
4 Yves de Rennes, p, vêtu le 10 avril 1624, à 19 ans, mort 1654.
5 Yves du Mans, p', vêtu le 15 août 1636, à 20 ans, mort en 1656.

6 Yves de Ploërmel, p', vêtu le 13 may 1642, à 21 ans.
7 Yves de Morlais, p, vêtu le 8 novembre 1649, à 17 ans.
8 Yves de Quimperlé, p, vêtu le 13 février 1650.
9 Yves de Saint-Brieuc, p, vêtu le 17 may 1653, à 20 ans, mort en 1661.
10 Yves de Laval, p, vêtu le 25 juin 1656, à 23 ans.
11 Yves de Tréguier, c, vêtu le 6 may 1660.

## Z

1 Zacharie ou Fulgence de Rennes, p', vêtu le 5 juin 1621, mort en 1658.
2 Zacharie de Morlaix, p, vêtu le 27 mars 1630, à 24 ans, mort en 1662.
3 Zacharie de Mayenne, p, vêtu le 24 juin 1633, à 22 ans.
4 Zénon de Fresnay, l, vêtu le 24 juin 1633, à 18 ans.
5 Zacharie de Nantes, l, vêtu le 5 novembre 1651.
6 Zacharie de Ploërmel ou de Mauron, c, vêtu le 24 avril 1959.
7 Zacharie de Rennes, c, vêtu le 22 juin 1662.
8 Zacharie de Quimperlé, l, vêtu le 4 novembre 1662.

# CHAPITRE III

TESTAMENT ADMIRABLE — CONCLUSION

> Le voyageur et l'antiquaire ne peuvent
> faire un pas en Bretagne, sans rencontrer
> les ruines de quelque monastère, au fond
> de ses vallées ou au milieu de ses vertes
> plaines.   O'SULLIVAN.

> *Interroga patrem tuum et annuntiabit tibi,*
> *Majores tuos et dicent tibi.* (Deut. 32-7.)

Enfants de Saint François, voyez icy vos pères,
Considérez la peine et les grandes misères,
Les jeûnes, les affronts, les ennuys, les travaux,
Qu'ils ont soufferts pour vous ; supportant mille maux
Pour conserver entier l'esprit de votre Père,
Et l'esprit amoureux de votre Sainte Mère,
Que tous vous ont laissés, comme un beau testament
Pour vous conduire un jour dessus le Firmament.

Ces pères ont chéri les vertus éminentes,
Et n'ont point redouté les épines poignantes,
Semées dans le chemin de la perfection,
Qu'on émousse aisément par la sainte oraison,
Oraison sans laquelle on fait toujours naufrage
Dans la mer de ce monde, où tout est plein d'orage.
Mais pour faire oraison, le silence sacré,
De nos pères, toujours a été révéré.

Tous les meilleurs esprits ont aimé la retraite,
L'humilité profonde, et de vivre en cachette.
Ils n'ont point redouté d'être censez idiots,
S'estimant trop heureux de passer pour des sots
Aux yeux aveugles-nés des mondains misérables,
Qui estiment très bons les maux abominables.
Ils ont tous fait état de la pauvreté
Qui les a rendus roys et mis en liberté.

Ils avaient dans le cœur la chasteté logée,
Et pour la conserver tenaient l'âme plongée
Des pensées de l'enfer : remède souverain
Pour empêcher l'effet du poison féminin.
Ils aimaient l'obédience, et quoique difficile
Au naturel humain, ils la rendaient facile,
Considérant Jésus, avoir quitté les cieux,
Pour obéir de cœur à l'homme ambitieux.
A plus forte raison, doit-on obéissance
Aux prélats amoureux, doux et pleins de clémence,
Puisqu'on voit le Sauveur obéir aux pervers,
A Anne et à Caïphe, aliments des enfers.

Nos pères ont chéri tous une vie commune,
Ils ont tous désiré avoir la même fortune,
Ils ont eu en horreur d'avoir au réfectoire
Rien de particulier, tant au matin qu'au soir ;
En effet, rien ne peut si aysément corrompre
Une religion, que de la laisser rompre,
La sainte égalité du boire et du manger,
Dont le moindre morceau la met tout en danger
De sa ruine totale, ainsi qu'on l'a vu :
Pour un morceau de pomme, embraser tout de feu,
Le paradis terrestre et toute la nature.
O Adam ! qu'as-tu fait ? sensuelle créature !
Un religieux sensuel, avec un seul morceau,
Fait ce qu'Adam a fait, et se met le cordeau
Au col, qui le perdra par une seule friandise,
Combien que ce ne fût qu'une seule cerise.

Rien n'est petit aux yeux d'un grand Dieu qui voit tout,
Qui punit le scandale et qui le pousse à bout.
Qu'était-ce qu'un morceau d'une chétive pomme ?
Et pour cela pourtant Dieu a réprouvé l'homme.
Fuyons donc, mais fuyons dans la communauté
Le plus petit morceau d'une partialité,
Si n'était que fussions voyageurs ou malades,
Auxquels on peut donner quelques fraîches salades.
Religieux, mon amy, veux-tu mettre en hazard
Ton salut éternel pour un morceau de lard,
Pour un peu de fromage, un ail, une échalotte,
Qui... devant tous, digne de la marotte ?

Nos Pères ont été aussi si modérés,
Si sages, si prudents et en tout si réglés,

Qu'ils avaient en horreur toutes clameurs criardes,
Tous les rys décousus et paroles maussades ;
A grand'peine ouvraient-ils leurs lèvres pour parler,
Et non jamais pour rire et moins pour clabauder.
Et comme ils connaissaient le danger du scandale,
Ils ne parlaient jamais de chose qui fut sale,
Ni n'éclataient non plus en rys démesurés,
Cela n'appartenant qu'à cerveaux démontés,
Qui se laissent porter à des criailleries,
Qui perdent le crédit des maisons mieux polies.

Ces Pères généreux n'employaient pas le temps
A causer la soirée, ains d'un esprit content
S'en allaient droit au chœur, rendre humble action de grâces
A Jésus, leur Sauveur, priant que ses disgrâces
Ne tombassent alors sur leurs chers bienfaiteurs,
Qui peut-être pour lors étaient dans les malheurs
Des festins et des bals, des jeux et de la danse,
Où le sage se perd souvent, sans qu'il y pense.
C'est donc là qu'ils faisaient un examen sérieux
De leurs moindres défauts, et qu'ils baignaient leurs yeux
Pour noyer leurs péchés et ceux du pauvre peuple,
Qui à cette heure-là se perdait en aveugle ;
Car, c'est souvent le soir, le temps plus dangereux,
Pour tomber ès filets du démon cauteleux.
Lorsque le ventre est plein, il ne cherche qu'à rire ;
Ou, sa langue souvent tous les plus saints déchire,
Sans épargner les grands, les petits, les égaux ;
Mais, sans penser à Dieu, fait à tous mille maux.
Dans ce chœur solitaire, on entendait ces Pères
Remercier Jésus d'être exempts des misères
Qu'on rencontre ès ballets, dans les vains entretiens,
Et dans la comédie, indigne des Chrestiens.

Ces anciens religieux n'allaient jamais en ville,
Que par nécessité, ou pour un bien utile
Au salut du prochain ; lorsque les supérieurs
Le jugeaient à propos, et non les inférieurs.
Aussitôt qu'ils avaient accompli l'obédience,
Ils retournaient soudain dans le lieu d'assurance,
Craignant de contracter le mal contagieux
Du monde, et des mondains subtils et fallacieux.

Ces pères courageux, d'une molle parole
Ne flattaient point du tout la mondanité folle ;

Ils condamnaient le luxe et les habits pompeux,
Menaçant des enfers tous ces esprits fastueux,
Tout couverts de galons et de riches dentelles,
Dont le diable liera ces ames sensuelles,
Es abimes profonds ; qui aiment mieux braver
Que de nourrir le pauvre et les marchands payer.
Les mondains n'aimaient pas ces pères, résolus
De faire forte guerre aux habits dissolus ;
Mais c'était en cela qu'ils trouvaient leurs délices,
Pour leur faire éviter les éternels supplices.

Les sages et bien-nés de nos pères anciens
Reprenaient fortement tous les impertinents,
Donneurs de sobriquets, qu'ils appelaient canaille,
Engeance de laquais, qui ne vaut rien qui vaille,
Indignes de l'habit et du nom religieux,
Pour ne pas honorer, comme on fait dans les cieux,
Les images de Dieu que les anges révèrent
Et que ces insolents chargent de vitupères.
Un sage religieux donne à chacun son nom ;
Ce qu'a honte de faire un superbe et bouffon
Lequel, s'il ne s'amende, ira à grande peine
Au ciel, qui est fermé à l'âme folle et vaine.
Mais, quoi ! voicy le champ où les petits agneaux,
Sont obligés de paître avec les chevreaux.

Jeunesse ! prenez garde à ce qu'ont fait vos pères,
Pendant que Dieu les a exemptés des misères
De la faible vieillesse et de ses maux fâcheux,
Faites ce qu'ils ont fait, et quand vous serez vieux
Vous ferez ce qu'ils font, peut-être à grande peine.
Leur moisson est cueillie, et leur grange en est pleine.
Mais vous, si vous pensez comme eux vous reposer,
Vous vous trouverez gueux, et ne pouvant payer
Les devoirs qui sont dus, à la terre promise
Vous n'y entrerez pas, sinon nus, en chemise ;
Car nul n'y est admis, qu'il n'ait bien travaillé
Au temps de sa jeunesse, et des biens amassés,
Pour enrichir son âme et la rendre bien digne
D'aller devant son Dieu, qui rejette l'indigne.
Le jeune est vraiment fol qui ne veut amasser,
Et qui veut en vieillard déjà se reposer.
Une plante qui croit, n'est pas chargée de graine,
Comme un épis de blé, ou celui de l'avoine.

Chaque chose à son temps ! Les vieux ont travaillé
Et se sont enrichis d'un or tout émaillé.
Jeunesse ! c'est à vous de travailler, sans cesse,
Si vous voulez, comme eux, vous charger de richesse.

Laissez, dit Jésus, Père, Mère et Parents,
Si vous avez d'essein d'être de mes enfants.
O Dieu, que nos anciens aimaient cette doctrine,
Et qu'ils l'avaient gravée au fond de leur poitrine !
Ils fuyaient leurs parents et leurs amys charnels,
Comme de leur salut les ennemys mortels ;
Ils ne voulaient savoir l'état de leurs affaires,
(Fermant leur cœur à tout), fussent-elles prospères,
A courir dans leur pays il ne demandaient pas.
Cet air leur faisait mal, et ils n'y allaient pas,
Crainte de retrouver ce qu'avec tant de peine,
Ils avaient pour leur Dieu — la bonté souveraine, —
Quitté et délaissé ; laissant les morts aux morts,
Pour les ensevelir et ensevelir leurs corps.

Ame dédiée à Dieu, hélas ! que vas-tu faire
Chez des parents charnels, si ce n'est pour leur plaire,
Et souvent les flatter dans l'état dangereux
Qui fait perdre le ciel et à toi et à eux.
Si tu fais avec eux tant soit peu bonne chère,
Ou si tu aimes mieux paraître un peu austère.
Ou tu les scandalises, en faisant le gaillard,
Ou ils t'estimeront hypocrite et frocard.
Voilà le grand profit qu'on fait dans sa patrie,
Où aucun n'est prophète : ainsi Jésus le crie.
Jeunesse ! imitez donc la ferveur des anciens,
Et fuyez votre pays, vos amys et parents.
Si vous avez désir de la vie éternelle,
Fuyez, fuyez de cœur toute la parentelle ;
Car au lieu de conduire à l'empire des cieux,
Elle conduit souvent aux cachots ténébreux.

A la suite de ce testament, à la vérité originale mais plein de bons conseils, l'auteur nous donne son second catalogue des mille premiers religieux de Bretagne, par ordre chronologique, et le fait précéder d'une poésie intitulée le « *Solitaire séraphique.* » Viennent ensuite la liste des Généraux avant la division de l'Ordre, les Généraux des Capucins, avec une notice sur chacun de ces personnages, les Provinciaux et Définiteurs de la province de Touraine, le nécrologe de la province de Bretagne de 1627 à 1661.

Une partie importante du Ms est le résultat des Chapitres de la province de Bretagne de 1629 à 1664; l'auteur ne se contente pas d'énumérer les noms des Gardiens des différents couvents, mais il enregistre encore plusieurs usages et décisions qui nous mettent à même de connaître ce que faisaient nos anciens.

Notre bonhomme aimait beaucoup les noms propres et les dates, il ne dédaignait pas non plus la poésie. On l'a constaté. Le dernier chapitre de son bouquin est une pièce de près de mille vers, où ne manquent ni les pensées élevées, ni la tournure digne des meilleurs poètes d'alors. Nous terminons cette analyse par la dernière strophe et les dernières paroles de l'auteur :

>   Allons, mon âme, allons d'une crainte filiale
>   Nous jeter dans les bras de Jésus crucifié.
>   Mourons, comme il l'a fait, d'une façon royale,
>   Et montons avec lui dans le ciel empyré.
>               Amen !

# TABLE DES MATIÈRES

|  | Pages. |
|---|---|
| Avant-Propos | III |
| Chapitre 1er. — Dédicaces à Marie, à l'Ange Gardien, aux Supérieurs de la Province. — Description des Images... | 1 |
| Chapitre II. — Catalogue alphabétique des mille premiers Religieux Capucins de la Province de Bretagne...... | 11 |
| Chapitre III. — Testament admirable. — Conclusion...... | 65 |

www.ingramcontent.com/pod-product-compliance
Lightning Source LLC
LaVergne TN
LVHW050615090426
835512LV00008B/1507